中华复兴之光
千秋名胜古迹

独特古建风雅

李姗姗 主编

汕头大学出版社

图书在版编目（CIP）数据

独特古建风雅 / 李姗姗主编. -- 汕头 ： 汕头大学
出版社，2017.1（2023.8重印）
　（千秋名胜古迹）
　ISBN 978-7-5658-2846-1

　Ⅰ．①独… Ⅱ．①李… Ⅲ．①古建筑—介绍—中国
Ⅳ．①K928.71

中国版本图书馆CIP数据核字(2016)第293523号

独特古建风雅　　　　　　　　DUTE GUJIAN FENGYA

主　　编：李姗姗
责任编辑：宋倩倩
责任技编：黄东生
封面设计：大华文苑
出版发行：汕头大学出版社
　　　　　广东省汕头市大学路243号汕头大学校园内　邮政编码：515063
电　　话：0754-82904613
印　　刷：三河市嵩川印刷有限公司
开　　本：690mm×960mm　1/16
印　　张：8
字　　数：98千字
版　　次：2017年1月第1版
印　　次：2023年8月第4次印刷
定　　价：39.80元
ISBN 978-7-5658-2846-1

前　言

党的十八大报告指出："把生态文明建设放在突出地位，融入经济建设、政治建设、文化建设、社会建设各方面和全过程，努力建设美丽中国，实现中华民族永续发展。"

可见，美丽中国，是环境之美、时代之美、生活之美、社会之美、百姓之美的总和。生态文明与美丽中国紧密相连，建设美丽中国，其核心就是要按照生态文明要求，通过生态、经济、政治、文化以及社会建设，实现生态良好、经济繁荣、政治和谐以及人民幸福。

悠久的中华文明历史，从来就蕴含着深刻的发展智慧，其中一个重要特征就是强调人与自然的和谐统一，就是把我们人类看作自然世界的和谐组成部分。在新的时期，我们提出尊重自然、顺应自然、保护自然，这是对中华文明的大力弘扬，我们要用勤劳智慧的双手建设美丽中国，实现我们民族永续发展的中国梦想。

因此，美丽中国不仅表现在江山如此多娇方面，更表现在丰富的大美文化内涵方面。中华大地孕育了中华文化，中华文化是中华大地之魂，二者完美地结合，铸就了真正的美丽中国。中华文化源远流长，滚滚黄河、滔滔长江，是最直接的源头。这两大文化浪涛经过千百年冲刷洗礼和不断交流、融合以及沉淀，最终形成了求同存异、兼收并蓄的最辉煌最灿烂的中华文明。

五千年来，薪火相传，一脉相承，伟大的中华文化是世界上唯一绵延不绝而从没中断的古老文化，并始终充满了生机与活力，其根本的原因在于具有强大的包容性和广博性，并充分展现了顽强的生命力和神奇的文化奇观。中华文化的力量，已经深深熔铸到我们的生命力、创造力和凝聚力中，是我们民族的基因。中华民族的精神，也已深深植根于绵延数千年的优秀文化传统之中，是我们的根和魂。

中国文化博大精深，是中华各族人民五千年来创造、传承下来的物质文明和精神文明的总和，其内容包罗万象，浩若星汉，具有很强文化纵深，蕴含丰富宝藏。传承和弘扬优秀民族文化传统，保护民族文化遗产，建设更加优秀的新的中华文化，这是建设美丽中国的根本。

总之，要建设美丽的中国，实现中华文化伟大复兴，首先要站在传统文化前沿，薪火相传，一脉相承，宏扬和发展五千年来优秀的、光明的、先进的、科学的、文明的和自豪的文化，融合古今中外一切文化精华，构建具有中国特色的现代民族文化，向世界和未来展示中华民族的文化力量、文化价值与文化风采，让美丽中国更加辉煌出彩。

为此，在有关部门和专家指导下，我们收集整理了大量古今资料和最新研究成果，特别编撰了本套大型丛书。主要包括万里锦绣河山、悠久文明历史、独特地域风采、深厚建筑古蕴、名胜古迹奇观、珍贵物宝天华、博大精深汉语、千秋辉煌美术、绝美歌舞戏剧、淳朴民风习俗等，充分显示了美丽中国的中华民族厚重文化底蕴和强大民族凝聚力，具有极强系统性、广博性和规模性。

本套丛书唯美展现，美不胜收，语言通俗，图文并茂，形象直观，古风古雅，具有很强可读性、欣赏性和知识性，能够让广大读者全面感受到美丽中国丰富内涵的方方面面，能够增强民族自尊心和文化自豪感，并能很好继承和弘扬中华文化，创造未来中国特色的先进民族文化，引领中华民族走向伟大复兴，实现建设美丽中国的伟大梦想。

目 录

古代华表

帝尧为博采众谏缔造诽谤木　002

东汉时成为传统装饰石柱　008

明永乐年间建成天安门华表　013

我国其他地区的著名华表　017

古代牌坊

024　由衡门演变而来的古老建筑

032　以宗教祭祀为主的庙宇牌坊

042　以表彰忠孝节义的节孝坊

058　祭奠先人美德的陵墓牌坊

古代匾额

064 发源于秦汉时期的题字牌

071 多悬于公堂之上的官家匾额

076 悬挂在庙宇门前的寺庙匾额

082 用于书院内外的书斋类匾额

088 我国历史上三大著名匾额

古代碑石

作为纪念物或标记的竖石 096

中华民族最古老的禹王碑 102

我国历史上著名的四大碑林 106

中华著名的十大"三绝碑" 114

古代华表

　　华表是我国古时宫殿、宗庙、亭榭、坟墓等建筑前面的一种柱形标志，原为木制高柱，其顶端用横木交叉成十字，似花朵状，起特殊标志作用，因此称为"华表"。

　　华表是我国一种传统建筑形式，相传华表既有道路标志作用，又有为过路行人留言的作用。

　　华表在我国由来已久，其精致壮观外形以及深刻寓意，是我们祖先一代代心血和才智凝成的结晶，是我国传统文化的标志符号之一。

帝尧为博采众谏缔造诽谤木

那还是在原始社会时期，大地上没有道路，原始人出去狩猎或采摘，往往找不到回"家"的路。于是，部落首领帝尧就派人在大家活动的地方立了一些带指示的小树杈，小树杈一边指着回"家"的地方，一边指着狩猎或采摘的地方。这样，小树杈就成了识别道路的标志。

随着人们活动范围的扩大，也有人在地上立个小木棒，并在小木棒上面绑着一个横杠，横杠一边指着"家"，一边指着活动的地方。

可是地上立的小树杈或小木棒多了，人们又搞不清楚哪个是指的自己的"家"了。于是，有人就在上面划个记号，用以提醒自己。

帝尧看到小树杈和小木棒上各种各样的记号，觉得这样能够表达每个人的意思，于是他让人们在上面写上对部落的意见或对自己的要求。一时间，人们提出了很多意见，帝尧非常虚心听取并采纳，极大地促进了部落的安定和发展。

后来，人们就把这种具有指示和表达意见的小树杈或小木棒叫作"桓木"或"表木"，因为古代的"桓"与"华"音相近，所以慢慢便读成了"华表"。这华表当时也被称为"诽谤木"，当时"诽谤"一词不是贬义诋毁的意思，而是议论是非的意思，就是人们可以随便利用"诽谤木"发表议论和看法等。

帝尧为什么要求人们用"桓木"来向他表达意见呢？据说，他是吸取了他的前任挚帝的教训。据史料介绍，尧的帝位是从挚帝手中接过的。尧的兄弟中挚是老大，所以尧的父亲帝喾去世后，挚就顺理成章地登上了帝位。

但是，这位帝挚非常残暴，他一登上王位就任用了三苗、狐功等几位大臣。三苗等大臣提出的执政理念是人民必须服从大王，否则就是不忠。

这种理念引起了人们的不满，所以，挚没有当几年的帝王，人们便拥护唐侯当上了帝王。

这位唐侯便是后来的帝尧。当了大王的尧认真总结了兄长挚执政失败的教训，他决心治理好天下。

他认为，一个人的知识有限，见闻有限，他想让天下广众和身边朝臣，知无不言、言无不尽地来议论国事。但刚刚经历了挚的禁锢，敢开口执言的却寥寥无几。

为了改变这种状况，据有关典籍记载，尧便在他议事的大厅前：

置敢谏之鼓，使天下得尽其言；立诽谤之木，使天下得攻其过。

并广而告之，要大家都对天下大事评头论足，即便是说错了，也赦免无罪。为此，在尧当上大王后不久，就在他办事的宫门前，树立起了一根很大的木柱，木柱上还安了一个横杠，横杠就指着帝尧办事的宫殿，意思就是向尧提意见。

尧宣布谁有意见不仅可以在到处插立的诽谤木上写出来，还可以站在他宫门前的大木柱下发表演说，或者直接把意见刻写在大木柱上，哪怕是说错或者写错，也没事。敢谏之鼓也一样，就是安放一面大鼓，要提意见的人便击鼓告知。

据说，后世衙门前的升堂鼓就是这么演变来的。而这里的这根木柱，便是诽谤木。这块木头最初的形状是以横木交柱头，样子像桔槔。

桔槔是古代汲水的工具，是一根长杆，头上绑着一个盛水的水桶，所以华表最初的形式就是头上有一块横木或者其他装饰的一根木柱。

关于诽谤木后来成为华表的事，在晋朝太傅崔豹的《古今注》中这样记载：

> 程雅问曰："尧设诽谤之木，何也？"
>
> 答曰："今之华表木也。以横木交柱头，状若花也。形似桔槔，大路交衢悉施焉。或谓之表木，以表王者纳谏也。亦以表识衢路也。"

再说，自从帝尧使用了诽谤木以后，大家渐渐便知道了帝尧的贤明，敢于大胆说话和谏议国事。尧广泛听取采纳众人意见，不断改进治理的方法。

其实，诽谤木的设立更是原始民主制的体现。据说，尧的作风很民主。在一次会上议事，帝尧提出："谁可以带领平民治水？"

众臣说："鲧可以。"

帝尧觉得鲧高傲自大，听不进别人的意见，不可重用，然而四岳坚持让试用。四岳是德高望重的首领，帝尧虽然有不同看法，却尊重四岳的意见，让鲧领命治水。后来的事实证明，鲧没能制服洪水，辜负了大家的厚望，结果，洪水更加凶猛了。

到了晚年，帝尧感到精力不济，就让大家推荐个继承人，四岳推荐了舜。

帝尧问："这人怎么样？"

四岳回答："舜的父亲心术不正，后母说话不诚，弟弟加害于他，他仍能同他们和谐相处，治理国家不会错吧！"

帝尧并没有因为四岳举荐错了鲧，不再信任他们。而是一如既往，虚心听取他们的意见，并启用了虞舜作为自己的接班人。后来，虞舜终于不负所望，成为继尧以后的又一位贤明的帝王。

如此看来，竖诽谤之木也好，设敢谏之鼓也好，其实只是一种标志，关键在于帝尧心目中有一把民主治世的标尺，而最早的诽谤木，便是这种民主标志的事物体现，也是提醒古代帝王勤政为民的标志。

由于帝尧作风民主，大众畅所欲言，才治理得国泰民安和天下太平。为此，尧统治期间，成为后世子孙向往的好年头，被后人称为"尧天舜日"。

后来，禹因为治水有功，舜便将帝位禅让给了禹。禹当上帝王后，更加重视民意，大力鼓励人们利用诽谤木向他提意见。为此，他还在原来宫殿前的诽谤木旁边增加了两根，这样他的宫殿前就有三根诽谤木。三表示多的意见，三根诽谤木都指向禹办公的宫殿，就是让更多的人向他提更多的意见。

禹虚心听取并采纳人们的广泛意见，因此把整个社会治理得更加美好。禹玄世后，人们为了纪念他，就在他的陵墓前竖立了三根华表柱，三根华表柱都指向禹的墓头，意思是禹非常重视人们的意见啊！

知识点滴

尽管我国早期的华表被认为是尧、舜为了纳谏而设立的木柱，但也有一些不同的说法：

一种说法认为，华表起源于远古时代部落的图腾标志。华表顶端有一坐兽，似犬非犬，它叫作"犼"，民间传说这种怪兽性好望。远古时的人们都将本民族崇拜的图腾标志雕刻其上，对它顶礼膜拜。历史进入封建社会，图腾标志渐渐在人们心中淡薄，华表上雕饰的动物也变成了人们喜爱的吉祥物。

另一种说法认为，华表是由一种古代的乐器演变而来。这种乐器名为"木铎"，是一种中间细腰，腰上插有手柄的体鸣乐器，先秦时，一些代天子征求百姓意见的官员们，奔走于全国各地，敲击木铎以引起人们注意。后来，天子不再派人出去征求意见，而是等人找上门来，将这种大型的木铎矗立于王宫之前，经过演变，就成了华表。

东汉时成为传统装饰石柱

据古代资料显示，尧舜禹时期的诽谤木是木制的，这种木制柱头立在露天，经不住常年的风吹雨淋，很容易损坏。于是至汉代时，木柱逐渐被石头柱子所代替，但是它的形状还是维持着木柱子的式样，细长的柱身，柱头上有一块横板，这就成了华表最早的、也是最基本的形式。

与此同时，汉代以后，华表本身的造型也日臻精美。

例如，顶端加了云板、承露盘、犼，柱身加上蟠龙等纹饰。

其中华表上"承露盘"纹饰据说和汉武帝有关。

汉武帝在世时，曾命人在汉朝宫殿的神明台上立一铜铸的仙人，双手举过头顶，托着一个铜盘，承接天上的甘露，以为人喝了甘露便可长生不老。

这自然是无稽之谈，但后来这种形式却流传下来，并且取消了仙人，简化为柱子上面放一只圆盘，便是华表上后来形成的"承露盘"。

由于华表上的纹饰越来越多，它的形象越来越美，它的应用范围也越来越广，后来，人们在宫殿、桥梁、陵墓、城垣的前面都矗立上了这种建筑。

又因为这种建筑上面有一个"承露盘"的装饰，柱头上又还有一块横板，远远看上去就像一束花朵一样，为此，人们称它为"华表"。

又由于它后来被广泛使用于宫殿、桥梁、陵墓等地，为此，人们又称它为神道柱、擎天柱、万云柱、石望柱、表、标、碣等。

在我国后来保存最完整的一套神道柱为"秦君神道柱"，此石柱出土于石景山区永定河故道，共有两件，建造于公元105年。

秦君神道石柱柱顶佚失，柱身及柱础完整。两件规格相同，通高2.25米，四方形柱额长0.48米，宽0.43米。柱身雕通长直线竖纹，柱上部雕两只螭虎盘于柱侧承托柱额。

额上为汉隶竖刻三行，第一行和第三行每行四个字，第二行三个字，内容相同，为"汉故幽州书佐秦君神道"。

根据秦君神道柱可以看出，汉代的神道柱有3部分：一是下部基座，即柱础；二是中部柱身，柱身上部有长方形石额刻字，额下有的饰以浮雕；三是柱顶部圆形上盖，盖上往往立有雕刻成动物或人物形状的墓镇。

除汉代保留下来秦君神道柱，在唐高祖李渊献陵和高宗李治乾陵前，也有几对雕刻工艺精巧、造型美观的华表柱。

其中，献陵的华表位于内城南门外100米处，整个石刻品类极简，但雕刻艺术价值很高，浑厚质朴，造型刚毅，健壮粗犷，豁达昂扬。

如华表座上浮雕的龙纹和顶上圆雕的狻猊，用笔十分简洁，赋形又极为生动。圆雕的狻猊，形体高大，用写实的手法镌刻出猛兽的形象，粗壮的躯体，简练的线条，追求逼真而不注重外表的装饰，既刻画出兽性，又不致使人望而生畏，且能逗人喜爱，这是唐陵石雕艺术的代表和精品。

同时，华表基座细节部分虽然残破，但依然看得出当年的精美华丽。

乾陵内最为著名的华表位于陵墓前东西两乳峰之间，下临一色富平墨玉石铺就的石阶路，华表后面是百余件巨型石雕群，华表骤然挺立于前，标志着乾陵司马道从这里起步。

这对华表高8米，直径1.12米，由双层方形基座、覆盖莲住座、八菱形柱身，昂喷莲顶座及圆石五部分组成，柱身上下交接处雕有莲瓣，中间刻有蔓草，石榴花纹，柱顶桃形。

柱身各面采用石刻画中的减底笔法，刻着象征吉祥的海石榴纹，其余三面，因风雨侵蚀，上面的花纹已无法辨认。

据说，柱座和柱顶之所以要雕刻成莲瓣形，是因为唐代是以佛教为国教，而在佛教中莲是佛门善的象征，又因莲与怜谐音，所以在佛教信徒中，莲象征着佛以慈悲为怀，肩负普度众生的宏任。

华表顶端的球形圆石，是天降甘露的象征。这块圆石，从造型上来看也恰似一颗硕大的盈盈露珠，被一朵莲花高高托起，它既是源于远古，用来指示陵墓位置的显著标志物，又是具有一定象征意义的陵墓装饰物。

这两根华表性体之高，居所有石雕之首，各用一块天衣无缝的巨石雕琢而成，浑然一体，给陵园平添了几许庄严肃穆的神圣气氛。

在乾陵，除了司马道前面的这两根外，其陪葬墓三王、两太子、四公主墓前也分别有两根华表，而八朝臣墓前则未见设立，这说明，乾陵华表除了以上两种意义外，还有表明墓主人身份的作用。

另一方面，从古籍中，我们还知道，在汉代时，人们还在邮亭的地方竖立华表，让送信的人不致迷失方向。

这样一来，从汉代起，华表由早期的诽谤木逐渐发展成为桥头和墓地等设置的小型装饰建筑品，它一方面仍有标志的作用，但更主要的是演变成了一种"华饰屋之外表"的装饰物了。

知识点滴

我国的华表从汉代时起，便成为了建筑群中的一种装饰品，在它由诽谤木演变成装饰石柱的过程中，还曾经发生过一件事。

那就是，在秦始皇时代，为加强专制统治，秦始皇废除了诽谤木，直至汉代才又恢复了这一建筑，称作"桓表"。但是，由于封建帝王不爱听批评，不准人民提意见，因此桓表逐渐成为街心路口的路标，后来又变成一种石雕艺术，作为建筑物的装饰品。

明永乐年间建成天安门华表

　　1417年，明朝的第三位皇帝朱棣命人在北京修建了著名的紫禁城。在修建紫禁城期间，明朝皇帝还命人在紫禁城的正门承天门的前后各修建了一对巨大壮观的华表。

　　这里的承天门便是后来著名的天安门。其中，天安门前的华表柱身上雕刻着盘龙，柱头上立着瑞兽，它们和天安门前的石狮子以及两侧的金水桥一起烘托着这座皇城的威严气势。

　　这两个华表间距为96米，每根华表通高为9.57米，其直径为0.98米，重约20000多千克。华表以巨大高耸的圆柱为主体，通身塑有缠柱云龙，柱上顶部横插着一块云形的长片石，远远望去，好像柱身直插云间，给人一种庄严的感觉。天安门的华表分为三个部分：基座、柱身和柱头。

华表的基座称为须弥座，这是借鉴了佛教造像的基座形式，而且在基座外添加了一圈石栏杆，栏杆的四角石柱上各有一只小石狮，头的朝向与上面的神兽相同。栏杆不但对华表起到保护作用，还将华表烘托得更加高耸和庄严。

华表的柱身呈八角形，一条巨龙盘旋而上，龙身布满云纹，汉白玉的石柱在蓝天白云的衬托下真有巨龙凌空飞腾的气势。柱身上方横插一块云板，上面雕满祥云。

华表的柱头顶部是一个承露盘，盘上雕刻有一个蹲着的神兽，栩栩如生，人们称这神兽名为"犼"。

犼，只是个传说神兽，我国古书上说它是一种似狗而吃人的北方野兽，俗称为"望天犼"、"朝天犼"。还有传说它是龙王的儿子，有守望习惯。

天安门华表柱顶上的朝天犼对天咆哮，被视为上传天意，下达民情。又有文献记载，地藏王菩萨的坐骑即为朝天犼。

天安门前那对华表上的石犼，面向南，望着皇宫外。在古老的传说中，人们把天安门前华表上蹲着的两个石犼叫作"望君归"。据说，它们经常注视着皇帝外出时候的行为，盼望皇帝早日回宫，不要老在外面寻欢作乐。

当皇帝外出游玩久久不归的时候，

"望君归"就说话了："国君呀，你不要老在外面游逛，快回来处理国家大事吧！我们两个犼盼你回来，把眼睛都快望穿了。"

在天安门的里边还有两座同样的华表，顶端也蹲立着石犼。不过，天安门外华表上的石犼面向南，而天安门里边的石犼面向北，朝着宫殿的方向。

据民间传说讲，这两只犼经常注视着深居宫禁的帝王的行动，并劝诫帝王说："君主啊，你不要老是待在宫殿里，只顾和后妃取乐。你也该经常出来到民间走一走，了解一下民情。我们两个犼天天盼你出来，把眼睛都快望穿了！"

所以，人们又把这两只石犼叫"望君出"。由于"望君归"和"望君出"蹲在华表顶上，所以天安门的华表又叫作"望柱"。

其实，华表上的犼，只是一个高高在上的石头，唯一的功能是"望"。住在皇宫内的皇帝们根本不理会它的职能，从入住紫禁城的第一位皇帝朱棣到最后的皇帝溥仪，没一个人听它的。

因此，这些广泛流传在民间的"望君归"和"望君出"的故事，既表现了人民对自己双手建筑起来的美丽华表的深厚感情，也表达着人民企盼明君的朴素愿望，以及对于昏君治国的不满。

另外，制作天安门石狮子、华表、金水桥栏杆的汉白玉，实际上是大理石的一种。这是一种著名的石雕材料，产于北京房山县。

纯洁雪白者居多，方解石结晶较好，磨光后晶莹似玉，质地细致均匀，透光性好。我国古代的石雕，如隋、唐的大型佛像，都喜欢用汉白玉制作。

据说，当年修建天安门时，为了运输这些白玉石，在修好的运输道路上浇水成冰，形成冰道，是万人拖着大石块在冰上滑运来到北京的，非常不容易。

当年，这两对华表修成后，与巍巍壮丽、金碧辉煌的故宫建筑群浑然一体，使人感到一种艺术上的和谐，又体会到历史的庄重和威严。

为此，可以说，天安门华表当推为我国所有的华表之冠，它实际上已经和中华民族，和我国古老的文化紧密相连，从某种角度上也可以说是中华民族的一种标志。

知识点滴

据说，今天天安门前那对华表所矗立的地点，并非明清时期的位置。当时，它们的位置比现在更为靠前。

1950年，天安门广场需要扩展，因此要将这对巨大的华表向后移动6米。可这对华表重达20000多千克，而且在搬动时又不能使它的精美的雕刻受到损伤。于是，如何移动这对华表便成为了一个大难题。

建筑部门在清宫档案材料里发现了15岁就进入了内务府营造司房库，其祖上五代都为宫廷建筑搭架子，曾经给皇宫安上过高大的梁枋的搭材匠徐荣。

此时，徐荣已经有64岁了。他靠着搭材匠、石匠、木匠等人灵巧的手，只是使用简单的杉篙杆子、麻绳和吊链，就将偌大的两个华表换了地方，而且式样和原先不差分毫，安装得十分合榫。并最终形成了后来的天安门前华表格局。

华表的这一次完整移动，堪称是一个奇迹。

我国其他地区的著名华表

　　我国古代的华表是用来上达民意，有监督作用，皆为木制，而使用石柱做华表，则盛行于东汉时期。后来，华表的监督作用消失了，只是竖立在宫殿、桥梁、陵墓、城门等前的大柱，作为纪功、装饰、标志等作用，成为我国传统建筑的一种装饰品。

　　为此，当华表成为一种装饰建筑以后，历代的帝王都喜欢在自己的宫殿或者陵墓等处修建起这一特殊建筑。

在我国，除了在唐高祖李渊献陵和高宗李治乾陵前，以及在天安门前有华表，在明代十三陵、清代东陵、清昭陵、清西陵以及卢沟桥和北大等处也可以见到华表。

明代十三陵位于北京市昌平县天寿山南麓，是明朝13个皇帝的陵墓群。在这里，共有两对汉白玉雕成的华表，位于长陵神功圣德碑亭的四角处。四根华表对称而设，每根华表通高为10.81米，其顶部各有异兽一尊，面南者称望君出，面北者称望君归。每座华表上共刻有41条龙。

清东陵也称"福陵"，位于辽宁省沈阳东郊的东陵公园内，是清太祖努尔哈赤和孝慈高皇后叶赫那拉氏的陵墓，因地处沈阳东郊，故又称"东陵"。

清代东陵是我国聚集华表最多的地方，共有12根。

其中两对位于亭外广场的四角，这是四根白色大理石雕刻的华表。每根华表由须弥座、柱身、云板、承露盘和蹲龙组成。

柱身上雕刻着一条腾云驾雾的蛟龙，屈曲盘旋，奋力升腾，寓动于静，栩栩如生。八角须弥底座和栏杆上亦雕满了精美的行龙、升龙和正龙，一组华表上所雕的龙竟达98条之多。

另外一对华表位于东陵大红门前，底座是三层莲花座，长、宽各0.92米，高1米，柱体为八角形，围长0.55米，通体浮雕云纹及龙蟠柱、顶部横插有云板，东端华表刻有"日"字，西端刻有"月"字。

顶部是"天盘"，上有坐犼一只，样子似大非大，身有麟甲，长尾与鬃发相连，浑身瘦骨嶙峋，作昂首跷尾引颈高鸣状。

古人说：犼"似犬，食人"。由于此兽猛烈异常，所以刻在石柱上要它守陵，其朝向有的面北，有的面南，相传设置宫殿前的犼，面北者谓"望君出"，面南者谓"望君归"。

在这里前者也许是劝慰皇帝，在祭祀时不要沉湎于哀伤之中，后者则是劝告皇帝前来祭奠祖宗山陵。

在清东陵石兽群的前后部位，也分别有两对华表。这两对华表样式较为古朴，座为方形，须弥座，束腰是八角形，分为上下两层，上面雕刻有吉祥图案，上层图案有如意、猴、鹤、松、神鸟、山石、祥云、月、牡丹、狮、灵芝。

下层图案有口衔灵芝的仙鹿、松、猴、蜂、官印、麒麟、犀牛、月、鱼龙、狮、天马、虎，寓意"松鹤延年"、"封侯挂印"、"太师少师"、"吉祥富贵"等。在各个角之间用竹节式纹饰为间隔。柱体为八角形，上面浮雕为祥云和蟠龙。

据说，清东陵内的这些华表建造于1650年，据《清奇世祖实录》记载：

顺治七年四月己酉：在福陵立"擎天柱四，望柱二"。

清昭陵是清朝第二代开国君主太宗皇太极以及孝端文皇后博尔济吉特氏的陵墓，位于辽宁省沈阳市古城北约5000米处，因此也称"北陵"，是清初"关外三陵"中规模最大、气势最宏伟的一座。

清昭陵的华表柱共有三对，一对在昭陵大红门外，距下马碑不远的地方；一对在石象生之前；再一对在神功圣德碑碑亭之前。

三对华表样式有相同之处，也有不同之处。它们的底座都是六角形须弥座，须弥座的上下枋及束腰部位刻有云龙、仰俯莲等纹饰。

柱体有的是六角形，有的是圆柱形，但上面的浮雕一样，都是云龙幡柱纹。雕刻形象生动的巨龙，仿佛在浓密的云水间盘旋升腾；云板横插在接近柱体的顶端，是一块长三角形石板，云板上刻有密集的云纹，有的云板还刻有"日"及"月"两字。在柱体顶部有一圆盘叫"天盘"，天盘之上为柱顶。

清西陵内的华表柱共有两对，位于西陵正方形广场的四角。四座华表同样也是白玉石雕，石柱拔地而起，直刺青天；石柱周身浮雕着朵朵云团，一条巨龙于云朵之间盘绕柱身扶摇而上；柱身底部雕有海浪巨岩，顶部龙首处东西向横插着镂雕的如意云板；云板上端为莲纹柱顶，圆形顶盖上蹲踞着一尊昂首翘尾、引颈嘶鸣、似犬非犬、遍体甲麟、极具力度和美感的珍奇怪兽望天犼。

在每个华表的八角莲花须弥座四周，还有一个精致的汉白玉护栏，将华表柱保护起来。

除了这些皇帝陵内的华表，在我国的卢沟桥两头也有华表四座。四座均高4.65米，石柱上端横贯着云板，柱顶有莲座圆盘，圆盘上雕有石狮子，庄严秀美，气势非凡。

在我国众多的华表中，北京大学的一对华表也非常著名。

这对华表在北大校园办公楼前，它们均由汉白玉雕成，通高约8米，下方的八方形须弥座高为1.24米。华表柱身刻有云彩和姿态各异的蟠龙，是凝结了我国雕刻艺术、极具美学价值的精品。

这两座华表来自何处呢？说起来这其中还有一段典故。原来这两座华表是圆明园安佑宫中的遗物之一，当年被安放在安佑宫琉璃坊前。在清末民初崇彝的《道咸以来朝野杂记》中有记载：

> 鸿慈永祜，在月地云居之后，循山径入，其中为安佑宫，乾隆七年建，其前琉璃坊三座，左右华表刻云气，甚精巧，民国十四年犹及见之。闻人言：今已为燕京大学所取。

根据这段记载推测，这两座华表应当建于1742年。至于如何从圆明园移到北大校园，据当年的《燕京大学校刊》记载，这是燕京大学建校初期移至此处的。这对华表历经百年沧桑，给古老而又年轻的北大校园增添了几分典雅与庄重。

知识点滴

据说，在北大校园内的这对华表，是一粗一细，并非是标准的一对。这是为什么呢？

原来，在1925年燕京大学建校舍时，只从圆明园运来了三根，第四根却被运到北京城里。1931年，第四根华表曾横卧在天安门前道南。

后来，当北京图书馆建文津街新馆时，人们想要将燕大多余的一根华表搬走与天安门前道南的另一根合成一对，并一起移到北京图书馆前。不料，在搬运时阴错阳差，结果燕大和北图的华表皆不成对，成就了这一桩趣事。

再后来，人们把燕大内剩下的这对华表，一齐移到了办公楼前面，形成了现在人们看到的样子。而另外的两根华表，则一根放在了北海公园，一根放在了中山公园。

古代牌坊

　　牌坊，是封建社会为表彰功勋、科第、德政以及忠孝节义所立的建筑物。也有一些宫观寺庙以牌坊作为山门的，还有的是用来标明地名的。又名牌楼，为门洞式纪念性建筑物，宣扬封建礼教，标榜功德。

　　牌坊也是祠堂附属建筑物，昭示家族先人高尚美德和丰功伟绩，兼有祭祖的功能。

　　牌坊从产生，到形制成熟，到种类众多，繁荣兴盛，由结构简单到结构繁复，由形制单一到形制多样，经历了一个漫长的演变发展过程。

由衡门演变而来的古老建筑

　　牌坊，是我国封建社会为表彰功勋、科第、德政以及忠孝节义所立建筑物。也有一些宫观寺庙以牌坊作为山门的，还有的是用来标明地名的。老百姓俗称它为"牌楼"。

　　其历史源远流长，关于它的来历，有两种说法：

　　一种说它是由棂星门衍变而来，开始用于祭天、祀孔。棂星原称灵星，灵星即天田星，为祈求丰年，汉高祖规定祭天先祭灵星。宋代则用祭天的礼仪来尊重孔子，后来又改灵星为棂星。

另一种说法则认为它是由衡门衍变而来的，在我国春秋时代的作品《诗经》中，便有相关介绍：

衡门之下，可以栖迟。

《诗经》大抵是周初至春秋中叶的作品，由此可以推断，"衡门"在我国的春秋中叶便已经出现了。

据说，最早衡门是以两根柱子架一根横梁的结构存在的，因为它的形状更接近于后来的牌坊样子，人们便称衡门为牌坊的老祖宗了。

那么，"牌坊"的名称又是怎样产生的呢？

据说，这和我国古代的"里坊制度"有关。在唐代，我国城市采用里坊制，城内被纵横交错的棋盘式道路划分成若干块方形居民区，这些居民区，唐代称为"坊"。坊是居民居住区的基本单位，坊与坊之间有墙相隔，坊墙中央设有门，称为"坊门"。

后来，随着经济的发达和城市建设的繁荣，人们对坊门的建造也就逐渐讲究起来。于是，产生于上古时代、至隋唐时已衍化得雕工相当精致、形制赫然华贵的华表柱也被人们移植到了坊门上来，成为坊门左右两边的两根立柱。

这样一来，坊门原先颇为简单的两根立柱，被两根雕饰华丽、形制威武的华表柱所取代，由两根高过门顶的高大华表柱中间相连一两根横梁及门扇组合成一种新式样的门，这种门称为"乌头门"，以后也被称为"棂星门"。

在我国现存的古代典籍当中，最早出现"乌头门"之名的是在北魏杨衒之的《洛阳伽蓝记》，当时著名的庙宇永宁寺的北门即是"乌头门"。

至宋代时，古籍《册府元龟》中，更是有对"乌头门"的明确记载，书中说道：

正门阀阅一丈二尺，二柱相去一丈，柱端安瓦筒、墨染，号乌头染。

同时，宋代李诫的《营造法式》中，还有对如何建造"乌头门"作了详细规定和介绍，书中写道：

其名有三，一曰乌头大门，二曰表揭，三曰阀阅。今呼为棂星门。

造乌头门之制，高八尺至二丈，广与高方。若高一丈五尺以上，减广不过五分之一。用双腰串，每扇各随其长于上腰，中心分作两分，腰上安子裎棂子，腰华以下并安障水版……

挟门柱方八分，其长每门高一尺则加八寸。柱下栽入地内上施乌头。日月版长四寸广一寸二分厚一分五厘。

从这些记载中，我们可以清楚地看到，宋代的乌头门即是华表与坊门的结合物。由于"乌头门"华贵庄重，气势威严，就被当时有地位、有权势和有钱的大户人家纷纷用作建造府第大门。

后来，由于民间建造这种门的人越来越多了，以至于官府无法分辨哪些是富商住的屋子，哪些是官员住的屋子。为此，唐宋统治者不得不对乌头门的使用作了限制，如在《宋史舆服志》中规定："六品以上许做乌头门。"

由于乌头门含有旌表门第之意，因此乌头门在宋代的《营造法式》中又被称为"阀阅"。之所以这样称，是因为"古者以积功为阀"，"经历为阅"。

由于乌头门起了标榜"名门权贵、世代官宦"之家的作用，因此成了上层等级的代名词，后世所称的"门阀贵族"、"阀阅世家"也即由此而来。

从古籍中，我们还知道，乌头门是唐以前通常用的称呼，但宋以后乌头门这名称便日渐少用，而被棂星门这一称呼所取代。

据史籍记载，棂星即"灵星"，又称"天田星"。北宋时，宋仁宗营建了用于祭天地的"郊台"，设置"灵星门"。因门系木制，门上有窗棂，为区别于"灵星"，故又称作"棂星门"。

如此，可以看出，棂星门其实是牌坊衍变过程中的一个阶段。同时，由于其威严、庄重、气派，得到人们的青睐和重视，因而也被作为牌坊的一个血缘分支保存延续下来。

自宋代以来，棂星门常常被用于建造文庙、佛寺、道观、陵墓等庄重场所的正门。而在这些场所建造的棂星门往往只起一个标志作用而并不需要起什么防卫作用，因此棂星门上的门扇可装可不装。于是，这些棂星门就只剩下了华表柱和作为额枋的横梁。

因华表柱远远高出额枋，所以人们就将其称为"冲天牌坊"，成为后来牌坊中的最主要的形制。

而另一些坊门，没有用高耸的华表柱来替换坊柱，而是吸纳了

"阙"的形制特点，在额枋和柱顶上加盖了楼顶，从而形成了柱子不出头的屋宇式牌楼。

然而，尽管棂星门和屋宇式牌楼比原先衡门式的坊门要美观得多，但其各自都有局限。前者只有华表柱而无楼顶，后者只有楼顶而无华表柱，于是人们想出了两全齐美的办法。

一方面将坊柱换成高高的华表柱，同时又不在枋柱顶上盖楼顶，而是在华表柱一侧的额枋上盖楼顶，这样，就形成了既有华美的楼顶，又在楼顶上露有高高的华表柱的牌坊建筑。

另一方面，牌坊在形制衍变的同时，建筑材料也在不断发展变化。起初，牌坊是木构建筑，但后来为了追求庄重威严，坚实纯美和能长久保存，遂由木柱发展为石、砖、汉白玉、琉璃等。

明清代以后牌坊发展除以繁密的构架尽力表现结构自身完美之外，还以精湛的技术雕刻各式各样的图案，采用不同的色彩来表达牌楼的艺术。至此，牌坊可以说发展到了鼎盛时期。

我国的牌坊，按名称和功能分，有功德牌坊、忠正牌坊、功名牌坊、官宦名门牌坊、孝子牌坊、贞节牌坊、仁义慈善牌坊、百岁寿庆牌坊、历史纪念牌坊、学宫书院牌坊、文庙武庙牌坊、衙署府第牌坊、地名牌坊、会馆商肆牌坊、陵墓祠庙牌坊、寺庙牌坊、名胜古迹牌坊等。这些牌坊主要起着褒奖教育、炫耀标榜、纪念追思、风俗展示、装饰美化、标志引导等作用。

据说，在我国古代，牌坊与牌楼是有显著区别的，牌坊没有"楼"的构造，即没有斗拱和屋顶，而牌楼有屋顶，它有更大的烘托气氛。

但是，由于它们都是我国古代用于表彰、纪念、装饰、标志和导向的一种建筑物，而且又多建于宫苑、寺观、陵墓、祠堂、衙署和街道路口等地方，再加上长期以来老百姓对"坊"、"楼"的概念不清，所以到最后两者成为一个互通的称谓了。

知识点滴

以宗教祭祀为主的庙宇牌坊

　　我国牌坊的类别很多，形式也多种多样，从功能上分，主要包括用于宗教祭祀的寺庙牌坊，用于表彰忠孝节义等伦理道德的节孝牌坊，用来表彰为国家地方建立功绩的功德牌坊，以及作为地方标志作用的标志牌坊等几类。其中，庙宇牌坊主要位于寺庙前或者寺庙内。

西安清真大寺位于陕西省西安市西大街鼓楼西北隅的化觉巷内。由于它与西大街大学习巷的清真寺东西遥遥相对，而且规模较大，故又被称为"东大寺"或"清真大寺"。

据寺内现存碑文记载，清真大寺创建于742年，距今已有1250余年的历史。

在这座古老的寺庙内，有一座木牌坊和一座石牌坊最为著名。

其中，木制牌坊在寺庙的第一进院内，牌坊耸立在砖雕大照壁的对面，异角飞檐，斗拱层叠，楼顶琉璃覆盖，蔚为壮观。该牌坊约建于17世纪初，距今已有360余年。

寺庙内的石牌坊位于第二进院落的中央，为三间柱式，中楣镌刻

"天监在兹"，两翼各为"虔诚省礼"和"钦翼昭事"，东西有踏道，绕以石雕栏杆。此石牌坊约建于明代。

曲阜市孔庙牌坊位于山东省曲阜市奉祀孔子的庙宇内，庙内共有门坊54座，其中有六座著名的古牌坊。在这些古牌坊中，金声玉振坊是孔庙的起点。"金声玉振"是孟子对孔子的形象比喻。

《孟子·万章下》对孔子评价：

孔子之谓集大成。集大成者，金声而玉振也。金声也者，试条理也；玉振之也者，终条理也。

这里的"金生"和"玉振"表示奏乐全过程，钟代表"金生"，磬代表"玉振"，以击钟开始，以击磬告终。以此象征孔子思想集古先贤之大成，赞颂孔子对文化的巨大贡献。因此，后人把孔庙门前的第一座石坊命名为"金声玉振"，其寓意是很深刻的。

金声玉振坊石刻，四楹石鼓夹抱，四根八角石柱顶上饰有莲花宝座，宝座上各蹲踞一只雕刻古朴的独角怪兽"辟邪"，俗称"朝天吼（犼）"，以避除群凶，慑乱镇邪。两侧坊额浅雕云龙戏珠。

牌坊明间坊额上刻四个红色大字"金声玉振"，笔力雄劲，是1538年著名书法家胡缵宗所书。

在金声玉振坊后面是棂星门牌坊，它是孔庙的第一座大门。

棂星门牌坊始建于明代，原为木结构建筑，清乾隆年间重修时改为铁梁石柱，为三楹四间。铁梁铸有12个龙头阀阅，四根圆柱中缀祥云，顶雕怒目端坐的四位天将坐像。

额枋上雕火焰宝珠，明间额坊由上下两层石板组成，上层绦环花纹，下层刻乾隆皇帝手书"棂星门"三个大字。两旁皆有额坊一层，次间额枋雕有精美的花纹图案。

棂星门里建两坊，南为"太和元气坊"，此坊建于1544年春，形制与金声玉振坊相同，坊额题字系山东巡抚曾铣手书，赞颂孔子思想如同天地生育万物一样。北为至圣庙坊，明额题刻篆字，坊明代时原刻"宣圣庙"三个字，1729年改为"圣庙坊"。

在太和元气和至圣庙两坊中间，也就是孔庙的第一进院落的左右两侧，有两座互相对称的木质牌坊遥遥相对，是孔庙的第一道偏门。

东题"德牟天地"，是说孔子之德与天地齐；西题"道冠古今"，是说孔子之道古今无二。这八个字赞美孔子学说在古往今来都是至善至美的，极言孔子学说对我国思想界所产生的影响是极其深远、无与伦比的。

此两坊建立于明初，具有明显的时代特色风格。建筑为木构，三间四柱五楼，黄色琉璃瓦，如意斗拱，明间13间，稍间九间，中夹小屋顶五间。

坊下各饰有八只石雕怪兽。居中的四只天禄，披麟甩尾，颈长爪利；两旁的四个辟邪，怒目扭颈，形象怪异。

运城市解州关帝庙是进行关公祭祀活动的主要场所，在此庙内，也有众多的牌坊，其中以庙内中轴线南端东侧的"万代瞻仰"石牌坊和西侧的"威震华夏"木牌坊最为著名。

万代瞻仰石牌坊建于1637年，为四柱三门三滴水五顶式建筑。檐下施五踩重翘斗拱，正面书"万代瞻仰"，背面书"正气常存"。

牌坊造型优美，比例适度。立柱两侧抱鼓石门墩制作精致，上部雕胡人牵狮、幼狮上爬，中部抱鼓雕花卉缠绕，刀工与造型皆佳。尤其是正背两面柱头与柱间额枋浮雕堪称艺术精品。

中门额枋浮雕四层，侧门额枋浮雕三层，皆为内容丰富的纹饰。

石牌坊正面上层雕八神将骑马、跨麒麟等瑞兽追击图。中部以三孔桥相隔，众神横枪跃马，前后追击，足下尘土飞扬，神速异常。中上层雕十仙足踏祥云拱手相向朝拜图。

中部置香炉，左右站两将守护。上部坐者元始天尊。中下层雕"天神将征战图"，众将跨天马、骑天牛、踩葫芦、踏龟背征战追杀，周围祥云缭绕，场面宏阔。

下层雕人间三国故事图。刘备、关羽、张飞坐中，持刀、握矛随从侧立，司马侍从牵马守候，树木祥云衬伴其间。

石牌坊侧门额枋也雕三国故事题材。上层两侧皆雕关羽骑马横刀过关斩将图，中层两侧雕关羽归城图，下层两侧雕二龙戏珠图。

石牌坊背面上层雕刘备、关羽、张飞、赵云、诸葛亮等众臣将共商军务图。中上层雕"关羽辞曹挑袍图"。关羽骑马横刀挑赠袍站于桥上辞曹欲行。

中下层雕的是"古城会"故事，关羽跃马横刀力战蔡阳，形象生动，刀法洗练。下层雕刘、关、张跨马征战追击图，众将策马持枪驰骋战场。

石牌坊右上侧雕"屯土山"故事。曹军诱战关羽，困关羽于屯土山。曹操遣张辽劝降，两人面坐对谈，张辽彬彬施礼，关羽正气凛然，谈判降汉不降曹及归蜀寻兄等条件。

左上侧雕"关羽辞行图"。关羽跨马后望，一将下马作揖施拱手礼送行，难分难舍之情体现于精雕细刻构图之中。

右中侧雕关羽跨马力斩二将图，二将头颅被斩于马下，故事情节为"白马坡诛颜良、文丑"。

左中侧雕"三顾茅庐"图。刘备、关羽、张飞下马徐行赴卧龙岗请诸葛亮辅政。孔明坐于茅庐之中，书童引请三兄弟面见，身后三马随行，刘备求贤若渴的情景表现得淋漓尽致。

左右下侧雕麒麟、狮、虎、天马等瑞兽奔走图。

石牌坊正、背两面柱身、板心所雕的蟠龙绕柱，侍臣站立、瑞鸟互伴等，也为上乘佳作。

这座明代石坊，将脍炙人口的三国故事与相关神仙勇将传说融为一体，祥云瑞兽仙鸟添花点缀，动静结合，情景交融，堪称我国石雕艺术宝库中的难得珍品。

汤阴县岳飞庙位于汤阴县城内西南门里，是纪念岳飞的地方。精忠坊是岳庙的头门，坊之正中阳镌明孝宗朱祐樘赐额"宋岳忠武王庙"，两侧八字墙上用青石碣分别阳刻"忠"、"孝"两个大字，字高1.8米，遒劲端正，格外醒目。

山门两侧各有石狮一尊，山门檐下一排巨匾，上书"精忠报国"、"浩然正气"、"庙食千秋"。

晋祠对越牌坊简称对越坊，位于太原晋祠金人台正西，立于1576年。关于这个牌坊的来历，还有一个故事。

相传，明代书法家高应元的母亲患偏头痛，久治无效。后来在吕祖庙前得一签，签上写有"添砖加瓦"四个字，它的含义是只有在祠内增加些建筑，才能消灾免难。高应元在晋祠内仔细观察，发现殿、堂、楼、阁、亭、台、桥等应有尽有，唯独缺少牌坊，便决定建造一座牌坊。但是，牌坊建在何处为宜呢？经过深思熟虑后，他认为在祠内的献殿东这块空地最合适。

高应元想，将来牌坊落成后，殿、台、坊组成一组规模宏大的建筑群，定会收到消灾的效果。高应元原计划建造一座简单的小牌坊，没想到在破土动工的第二天，他母亲的病就好了，因而，他又决定建成一座大牌坊。牌坊落成后，高应元为它命名为"对越"，并亲自执笔写下了匾额，此匾气势磅礴，被列为晋祠三大名匾之一。

这座"对越坊"，造型优美，结构壮丽，雕刻精细。"对越"的"对"，意为报答；"越"，即扬，意为宣扬。"对越"两字合起来，意为"报答宣扬祖先功德"，在此处意为"宣扬母德高尚"。

母德高尚在这里有双关语之意，指唐叔虞之母邑姜也行，说高应元之母亦可。

五台县菩萨顶牌坊位于菩萨顶寺庙山门前的平台上。此牌坊为石柱穿架式的汉白玉牌坊，四柱七檐，排间15米左右，进深6米上下，柱高近5米，斗拱五跳，顶覆黄色琉璃瓦。

前后各悬一匾，匾额上写着"五台圣境"四个字。这四个字笔力雄健，洒脱大方，均为清康熙皇帝御笔。

在匾额上，还刻有"康熙之宝"印章。因为此牌坊匾额上的字出自皇帝之手，为此，该牌坊也就成了菩萨顶的一件瑰宝。

知识点滴

以表彰忠孝节义的节孝坊

　　我国牌坊的类别很多，形式也多种多样，从功能上分，主要包括用于宗教祭祀的寺庙牌坊，用于表彰忠孝节义等伦理道德的节孝牌坊，用来表彰为国家地方建立功绩的功德牌坊，以及作为地方标志作用的标志牌坊等几类。

在我国，除了众多的用于宗教祭祀的庙宇牌坊，还有许多用于表彰忠孝节义等伦理道德的节孝牌坊，这些节孝牌坊主要建立在街道中间或者路口，有的是为家庭旌表本族先贤而建，有的则为朝廷或当地官府为旌表贤臣，在忠、孝、节、义上有成绩的人而立。

最为著名的有安徽省歙县叶氏贞节木门坊和黄氏孝烈砖门坊、歙县棠樾牌坊群、山东省单县百寿坊和百狮坊、江苏省无锡市华孝子祠四面牌坊、江苏省徐州市权谨牌坊、梅溪牌坊、江苏省响水县孝子坊、河北省衡水市蔡氏贞节牌坊、江苏省铜山县郑杨氏节孝坊和郑彭氏节孝坊等。

歙县叶氏贞节木门坊和黄氏孝烈砖门坊，在歙县斗山街内，这两座牌坊，一南一北，一木一砖，均非常简陋。

叶氏贞节木门坊在斗山街南口不远，宽约4米，高约6米，始建于1391年。此坊是双柱一间三楼，横枋以上为木制，顶覆小瓦，额题有

"旌表江莱甫妻叶氏贞节之门"字样。

据说，现存的牌坊为清乾隆年间重修，龙凤板上原来还有"圣旨"两字。横枋以下为砖砌，门是假门，但刻画得非常逼真。

此牌坊是旌表主人叶氏25岁丧夫守节，尽心侍奉婆母，抚养继子。

元末兵乱时，叶氏携婆母避难山中，于极端困苦中侍奉在侧，极尽周全。数十年下来，不仅将继子抚育成人，婆母也身体康泰寿高百岁，叶氏自己也得高寿，可谓善有善终。为此，她的后人便禀明圣上，为她修建了这座节孝坊。

此外，在当地还有一种传说称，这位叶氏曾是明朝开国皇帝朱元璋的救命恩人，朱元璋当上皇帝后，便命人为叶氏建立了这座牌坊。

在歙县斗山街的北端处，是一座青砖砌就的黄氏节烈坊，此坊建于1650年。此牌坊四柱三间三楼，宽6米，高7米，当心间原辟有门，后封砌。

在牌坊额坊处写有"旌表清故儒童吴沛妻黄氏孝烈之门"15个字。在此字上面的石质龙凤板上，原来还有"圣旨"两字，由于时间的变迁，现在已经难觅踪影。牌坊两侧还有两行题字，现在也已经看不清楚了。

关于此牌坊的来历，据县志里记载，这位黄氏是一位10多岁的姑娘，本来是要嫁给黄家后人的，结果，在成亲前，她的未婚夫却不幸死掉了，黄氏便绝食而亡。

黄家人为了纪念她，便上报朝廷，为她修建了这座牌坊。

在歙县，除了斗山街这两座著名的牌坊，还有一个棠樾牌坊群，位于由黄山市市区前往全国历史文化名城歙县的途中，离黄山市屯溪区约26千米，离歙县县城约5000米的郑村镇棠樾村东大道上。

棠樾村的"棠"字主要有两解，一解为棠梨树，又名杜树，为高大乔木；二解为海棠树，为落叶小乔木。"樾"字是树荫的意思。"棠樾"就是棠梨树或海棠树的荫凉之处。

这里一个古老的村落，自宋元以来已经绵延了800余年。该村的大姓鲍氏，他们的本源来自晋咸和年间的新安太守鲍弘。

棠樾鲍氏是一个以"孝悌"为核心、严格奉行封建礼教、倡导儒家伦理道德的家族。为此，在棠樾牌坊群内的牌坊共七座，明代的三座，清代的四座。

三座明代的牌坊为慈孝里、鲍灿孝行坊、鲍象贤尚书坊；四座清代的牌坊为鲍文渊妻节孝坊、鲍文龄妻节孝坊、鲍逢昌孝子坊和鲍漱芳乐善好施坊。它们按忠、孝、节、义依次排列，勾勒出封建社会"忠孝节义"伦理道德的概貌。

慈孝里坊是为旌表元末处士鲍余岩、鲍寿逊父子而建，是皇帝亲批"御制"的。

据史书记载，元代歙县守将李达率部叛乱，烧杀掳掠。棠樾鲍氏父子被乱军所获，并要两人杀一，请他们决定谁死谁生。孰料，鲍氏父子争死，以求他生，感天动地，连乱军也不忍下刀。

后来，明朝建立后，朝廷为旌表他们，赐建此坊。在此坊的横匾上镌刻"御制慈孝里"几个大字。

后来，明永乐皇帝听说此事后，还曾为鲍氏父子题诗：

父遭盗缚迫凶危，生死存亡在一时……鲍家父母全仁孝，留取声名照古今。

清朝建立后，乾隆皇帝也曾为鲍氏宗祠题联：

慈孝天下无双里，锦秀江南第一乡。

鲍灿孝行坊建于明嘉靖初年。牌坊挑檐下的"龙凤板"上镶着"圣旨"两字，横梁正反各有一对浮雕雄狮，显得颇为英武。额题上写着"旌表孝行赠兵部右侍郎鲍灿"12个字。

据《歙县志》记载：牌坊的主人鲍灿读书通达，不求仕进。其母两脚病疽，延医多年无效。鲍灿事母，持续吮吸老母双脚血脓，终至痊愈。

他的孝行感动了乡里，经请旨建造此坊。又因为他教育子孙有方，被皇帝"荣封三代"，并特地为其祖父立坊。由于鲍灿的曾孙鲍象贤是工部尚书，所以皇帝赠鲍灿"兵部左侍郎"衔。

据说，棠樾的孝子特别多，甚至可以说鲍氏家族是靠"孝"繁衍壮大起来的。这与历代帝王都把"孝道"当作修身齐家治国的根本思想分不开。

棠樾牌坊群中的鲍象贤尚书坊始建于1622年。旌表鲍象贤镇守云南、山东有功。

据县志记载：鲍象贤1529年中进士，初授御史，后任兵部右侍郎。他曾经远赴云南边防戍边，使边境得以安定，当地百姓还为他建了生祠以示感恩。由于秉性亢直，鄙视权贵，鲍象贤多次遭到奸臣的中伤，政治生涯几起几落。

但他一直抱持"官不择位"的思想，廉智自持，不计个人毁誉得失，一如既往地效忠社稷，在死后才被追赠加封为工部尚书。

后来，人们为了纪念他，便向朝廷请命，修建了这座鲍象贤尚书坊。此牌坊于1795重修，牌坊上写着"赠工部尚书鲍象贤"八个大字，是一座旌表鲍象贤的"忠字坊"。因其在两广击退倭寇立大功，所以，在此牌坊的两侧，分别还刻有"命涣丝纶"、"官联台斗"字样，这是皇族赐予平民百姓极高的荣誉。

鲍文渊妻节孝坊建于1768年。因旌表鲍文渊继妻吴氏而建。

此牌坊为四柱三间三楼四柱冲天，宽9.38米，高约11.9米。它是牌坊群中自西向东的第三座坊。坊字牌上有"节劲三冬"、"脉存一线"大字。

据县志记载：吴氏，嘉定人，22岁嫁入棠樾，当时正遇上小姑生病，她昼夜护理。29岁时，她的丈夫去世，她立节守志，对前室的孤子鲍元标视如亲生，尽心抚养，直至其成家立业。鲍元标也不负母恩，终于成为清代著名的书法家。

年老之后，吴氏又倾其家产，为亡夫修了九世以下的祖墓，安葬好丈夫和族属中没有钱安葬的人。与此同时，吴氏还尽心侍奉患病的婆婆至寿终。她在60岁时辞世。

吴氏的举动感动了当地的官员，还打破继妻不准立坊的常规，破例为她建造了一座牌坊，规模与其他牌坊相当。尽管得此厚爱，但在牌坊额上"节劲三立"的"节"字上，还是留下了伏笔，人们把"节"字的草头与下面的"卩"错位雕刻其上，以示继室与原配在地位上是永远不能平等的。

鲍文龄妻节孝坊建成于1784年，是三楼四柱冲天牌坊，宽8.75

米，高约11米。它是牌坊群中自西向东的第五座坊。牌坊为灰凝石质，牌额东侧写"矢贞全孝"，西侧写"立节完孤"等大字。

据县志记载，江氏为棠樾人，26岁守寡后，"立节完孤"，把儿子集成培养成歙县的名医。

寡妇守节，培养后嗣，被宗法社会认为是最大的孝行，因为宗族是依靠血统来维系的。所以在江氏80岁高龄时，族人为她请旌，建起了这座宛如其化身的牌坊。

鲍逢昌孝子坊建于1797年，为旌表孝子鲍逢昌而建。此坊结构为四柱三间三楼四柱冲天，宽9.8米，高11.7米。它是牌坊群中自西向东的第二座坊。

此牌坊为灰凝石质，牌坊上无甚雕琢。字牌东面书"人钦真孝"，西面书"天鉴精诚"，下书"旌表孝子鲍逢昌"。

据记载，鲍逢昌的父亲在明末离乱时外出多年，杳无音信。1646年，才14岁的鲍逢昌沿路乞讨，千里寻父，最后终于在甘肃的雁门古寺找到了生病的父亲。他为父亲的背疽吮脓疗疮，并扶持父亲回到家中。

一进家门，鲍逢昌又见母亲病危在床，需要浙江富春山的真乳香医治，鲍逢昌又不远千里前去寻药。母亲服用后果然痊愈，族人便说这是他"天鉴精诚"、"孝愈其亲"。后来，人们在他去世后，为他请旌，修建了这座牌坊。

　　鲍漱芳乐善好施坊建于1821年。这是棠樾牌坊群七座牌楼中位于正中间的一座，系为旌表鲍漱芳父子"乐善好施"的义举而建造的。

　　此坊为四柱三间三楼，当心间顶楼檐下嵌雕四周有龙凤图案的"圣旨"牌，当心间上层字板正背两面，均题刻有"乐善好施"四个大字，下层字板题刻有"旌表浩授通奉大夫议叙盐运使鲍漱芳同子即用员外郎鲍均"字。

　　牌坊两侧次间字板题刻有立坊人"礼部尚书穆克登额、礼部尚书胡长龄、两江总督百龄、安徽巡抚胡克家、安徽提督学政白铭、安徽布政司蒋继勋"等人的名字及立坊的时间。

　　据《歙县志》记载，这座牌坊的建造经过颇为曲折，是鲍漱芳先后花了几千万两银子做"善行义举"才换来的。

皖南歙县，被誉为"牌坊之乡"，据史料记载，歙县历代共建牌坊250多座，现存牌坊82座。它们或跨街而立，或矗立于村头，或建于祠堂、民宅之前，作为门坊。

棠樾牌坊群，是安徽省现存最大、保存最完好的一处牌坊群。古人建造它，其作用无非是维护封建社会的"忠孝节义"思想。

由于这些牌坊建筑气势宏大、雕刻精美、保存完好，又与相邻的鲍氏男祠、女祠构成了一个完整的旅游景区，而且与黄山风景区自然景观形成珠联璧合的人文旅游格局，因此，前往观光游览的宾客，无不赞美叫绝，流连忘返。

单县百寿坊俗称朱家牌坊，位于单县城内的胜利北街，1765年为翰林院赠儒林郎朱叔琪妻孔氏而建造，因雕有100个不同书体的寿字而得名。

　　此牌坊以青色鱼子状石灰岩构成，通高13米，宽8米，四柱三间三层楼阁式建筑。

　　其独特之处是：坊座雕有八头矫健雄狮昂首远望，八条出水蛟龙绕柱回舞，额枋上饰满盛开牡丹，与正间上下额枋祥云间翩翩飞舞的五只透雕仙鹤、次间上额枋浮雕的相对翱翔之鸾凤构成了具有无穷魅力之艺术佳作，寓意福寿万年、富贵无媲或喜上眉梢。

　　而百狮坊则俗称"张家牌坊"，被誉为天下第一坊，位于单县城牌坊街的中段。因其夹柱精雕100只姿态各异的石狮子而得名，寓有百事如意、百世多寿之意。

　　此牌坊是1778年为赠文林郎张蒲妻朱氏而建，全石结构，高14米，宽9米，四柱三间五楼式，正间单檐，次间正檐，歇山顶全部石砌。

　　坊座八根夹柱透雕群狮八组，大狮子狰狞峥嵘，小狮子环绕戏耍。每根夹柱前、左、右三面均浮雕松狮图。四柱和枋额上透雕云龙，其他部位也透雕加浮雕云龙旋舞、珍禽异兽、花卉图案。

无锡市华孝子祠四面牌坊，位于祠门前，俗称"无顶亭"。单间，牌坊呈正方形，木石结构，藻饰精美，系华氏宗族旌表忠孝节义及科第的纪念建筑物，建于1748年。

四面坊是具有江南特色的一种古建筑样式，迄今能够完整保存下来的，无锡仅此一座。

徐州市权谨牌坊坐落在徐州市内统一北街，又称"权氏祠堂"，始建于1427年，是徐州历史上唯一的歌颂封建礼教忠孝名人的纪念建筑物。

此坊初建于城西北隅池沼旁，1624年徐州大水，原建被淹。清顺治初年，地方官吏奉旨修建，将牌坊迁至统一北街，后又多次修复改建。

权谨牌坊由牌坊、大殿、配房三部分及三者形成的院落构成。牌坊坐西朝东，牌坊与祠堂的门楼合为一体，最东为牌坊，上有门楼，其龙凤板上书写"圣旨"两字，过道为三间，门额上有明仁宗旌表权谨的"天朝元辅"、"中原文献"、"忠孝名臣"12个大字。

大殿位于牌坊西，正殿门两侧红抱柱有清乾隆帝南巡御赐的金字楹联：

孝以作忠，品重先朝荣宰辅；
功而兼德，名垂后世耀门楣。

据说，此牌坊的主人权谨在徐州历史上，是一位以孝道著称的名人。

权谨，字仲常，祖籍天水略阳，明洪武初年随父迁居徐州，他10岁丧父，在母李氏的辛勤训诲下，刻苦读书，于明永乐初年被荐授为青州乐安知县。

十年后，他迁光禄寺署丞。后来，因其母年事已高，辞官归家，备尽奉赡。

母亲死后，权谨守墓三年，朝夕哭奠，孝感朝野。地方郡守闻知后上奏京城，明仁宗皇帝遂传旨，令群臣效法，权谨也因此成为当时闻名的"孝子"。

权谨不但是载入《明史》46名"孝义"的大孝子，也是当时才华出众的文人。权谨晚年授文华殿大学士、太子太傅，在宫廷内担任过皇太子的老师，并参加过明正统《彭城志》的编撰工作，并为之作序。权谨一直活至77岁，他去世后，明宣宗皇帝命地方官员在徐州建权孝公坊，以垂范名。

在我国，除了上面介绍的这些节孝牌坊之外，还有众多的为表彰我国忠孝节义等伦理道德的类似牌坊。这些牌坊上除了写有大量的颂扬文字外，还刻有不同形状的浮雕画面，为我国的建筑文化增添了光彩。

关于歙县棠樾牌坊群中鲍漱芳乐善好施坊的来历，还有另外一种传说。

鲍家在修建此牌坊时，鲍氏家族已有"忠"、"孝"、"节"牌坊，独缺"义"字坊。

其村鲍氏世家，至鲍漱芳时，官至两淮盐运使司，掌握江南盐业命脉。他欲求皇帝恩准赐建"义"字坊，以光宗耀祖，便捐粮10万担、银30000两，修筑河堤，发放军饷，此举获得朝廷恩准。

于是，在棠樾村头又多了一座"好善乐施"的义字牌坊。在歙县众多的牌坊之中，这种"以商入仕，以仕保商"，政治与经济互为融贯的密切关系屡屡可见。棠樾牌坊群雄伟壮观，全国罕见，1981年9月被列为省重点文物保护单位。

知识点滴

祭奠先人美德的陵墓牌坊

陵墓牌坊，也称正墓道坊或墓坊，是牌坊建筑系列中的主要组成部分，它是研究陵墓主人的社会地位、古代墓葬等级制度，以及地方葬俗等方面的重要实物资料。它的设置蕴含着诸多文化内涵。

在我国，从古至今，保存着许多著名的陵墓牌坊，它们有浙江省绍兴市大禹陵牌坊、山东省曲阜市孔林牌坊、江苏省常熟市言子墓牌坊、河南省洛阳市关林石坊、江苏省南通市唐骆宾王墓牌坊、江苏省镇江市米芾墓石坊、江苏省苏州市唐伯虎墓牌坊、山西省浑源县栗毓美墓牌坊、河南省安阳市袁公林牌楼。

绍兴市大禹陵牌坊位于绍兴市东南郊会稽山麓大禹陵的入口处。牌坊高12米、宽14米，系用石头建造，高大古朴。牌坊顶为双凤朝阳，庄重典雅，雕刻精美。柱端为古越人崇拜的神鸟鸠。鸠的下面是三个楷体大字"大禹陵"。

柱中系应龙，枋是双凤朝阳，枋下为守门龙椒图，柱下立辟邪镇墓兽。牌坊前横大铜管称龙杠。直竖左右大铜管称拴马桩。

按古代帝王陵寝制度文官在此下轿，武官在此下马，步行进入神道，祭拜陵寝。因此，特设"龙杠"示禁，立"拴马桩"供官员拴马。

除了这座大禹陵牌坊，曲阜市孔林牌坊也很出名。孔林本称至圣林，是我国古圣人孔子及其家族的墓地。孔林牌坊位于孔林神道的入口处。

这座牌坊被称为"万古长春坊",是一座六楹精雕的石坊,其支撑为六根石柱,两面蹲踞着12只神态不同的石狮子。

牌坊正中是"万古长春"四个字,为1594年初建时所刻,清雍正年间却又在坊上刻了"清雍正十年七月奉敕重修"的字样。石坊上雕有盘龙。

除了这座牌坊,在孔林墓地内的"洙水桥"旁边,还有一座雕刻着云、龙、辟邪的石坊。牌坊上面坊的两面各刻"洙水桥"三个字,北面署"明嘉靖二年衍圣公孔闻韶立",南面署"雍正十年"年号。

常熟市言子墓牌坊位于常熟虞山东麓孔子的弟子言子之墓内。言子墓初建于西汉,经历几代修建,才拥有今日之宏大规模。

在言子墓内,有三道著名的牌坊,均有匾额和柱联。其中,第一座墓门牌坊楹联为:

旧庐墨井文孙守,高阡虞峰古树森。

第二道牌坊前后有乾隆书额:"道启东南"、"灵萃句吴"。

第三道牌坊为雍正年间江苏布政使额书:"南方夫子"。

洛阳市关林石坊位于河南省洛阳市老城南关林镇关林内。关林相传为埋葬三国时蜀将关羽首级的地方,前为祠庙,后为墓冢。

在关冢之前,有两座石牌坊。第一座石牌坊是明代万历年间立的，宽10米，高6米，共有三门道，坊上题联甚多，均是歌颂关羽之作，书体皆为明清书法。

正坊额上题"汉寿亭侯墓"五个大字。这是在关羽解白马之围后，曹操向汉献帝给关羽奏请的封号，也是关羽的第一次受封。正坊柱正面有联一对：

盖世英雄皈圣域；

终天仇恨绕神丘。

此牌坊偏坊也有坊额，分别写道："义参天地"、"道衍春秋"。

关林的第二座石坊，在规模上要比第一座略小一些，它立于清康熙年间。牌坊正面额上写着"中央宛在"四个大字。关于这四个字，有解释说，"中央"是指头颅的意思，"宛在"则是说仿佛存在的意思。

南通市唐骆宾王墓牌坊位于南通城东佛教八小名山之首的狼山山

脚骆宾王墓内。这座牌坊是一座高大的三开间花岗石牌坊，坊额上镌刻着墓名：正中为"唐骆宾王墓"，右侧是"宋金将军墓"，左侧写道"刘南庐墓"。

当然，在我国，除了上面介绍的这些陵墓类牌坊之外，还有很多地区的古墓前也有类似的牌坊，这些牌坊经过岁月的洗礼和风雨的浸淫，许多墓道坊都已残缺不全，唯留那一根根石柱，仿佛在张扬着曾经的无比荣耀，让人们对古人油然起敬。

知识点滴

据说，关于洙水桥牌坊的建立，还与旁边的洙水河有关。

洙水本是古代的一条河流，它与泗水合流，至曲阜北又分为二水。在春秋时，孔子讲学洙泗之间，后人以洙泗作为儒家代称。但洙水河道久湮，为纪念孔子，后人将鲁国的护城河指为洙水，并修了精致的牌坊和洙水桥。

古代匾额

　　匾额是古建筑的必然组成部分，相当于古建筑的眼睛。它的产生，相传缘于中原河洛文化的发展，是华夏文明的一种体现。

　　几千年来，它把我国文化流传中的辞赋诗文、书法篆刻、建筑艺术融为一体，集字、印、雕、色的大成，以其凝练的诗文、精湛的书法、深远的寓意，指点江山，评述人物，成为中华文化园地中的一朵奇葩。

　　匾额一般挂在门上方、屋檐下。当建筑四面都有门时，四面都可以挂匾，但正面的门上是必须要有匾的，如皇家园林、殿宇以及一些名人府宅莫不如此。是我国民族文化的重要标志。

发源于秦汉时期的题字牌

匾额，是一种悬挂在建筑物主要出入口上方和室内堂壁上的题字牌。最常见的有矩形横挂，矩形竖挂和方形三种形式。此外，还有书卷型，蕉叶型和扇形等小件式匾额，多散见于园林亭廊、洞门、书斋小室和民居寓舍之中。

我国古代匾额可以说是融汉语言、汉字书法、传统建筑、雕刻技巧于一体，集思想性、艺术性于一身的综合艺术作品。

由于匾额上的题字多为表彰良善、激励进取、祝福吉祥、明志记趣等内容，加之匾额是集文学、书法、印章、雕刻、装饰等的艺术特点为一体的综合艺术形式，因此它深受人们的喜爱。

匾额最早发源于秦汉。据说秦始皇时，书体定为八种，即大篆、小篆、刻符、虫书、摹印、署书、殳书和隶书。署书又称榜书，就是写匾额用的字体。

在当时，匾额常常以其题名而出现。如秦汉时期建成的规模宏大的阿房宫中，殿阁宫舍门阙等建筑上的门匾就有80余处。

如宣室殿、清凉殿、天禄阁、石渠阁、承明殿、金马门、麒麟门；后宫有椒房殿、昭阳舍、漪澜殿、柏梁台等，这说明在当时，建筑已有题名的做法。

我国匾额最早的文字记载，是在《说文解字》中：

汉高六年，萧何所定，以题苍龙、白虎二阙。

因此，匾额的正式形成，最晚应在西汉，宰相萧何亲自题写"苍龙"、"白虎"两匾之时。

至三国时期，我国的古文献中还有记载关于题写匾额的故事。其中，在《太平广记》中有这样一段记载：著名的三国时书法家韦诞，善于书写各种书体，尤其以题写匾额的书法最为精湛。

当时，魏文帝刚刚建成凌云台时，命令韦诞为其题写匾额。后来洛阳许邺三都宫观建成，又诏令韦诞为宫殿题写匾额，并且将其定为永远的制度。

然而，由于在宫殿，城楼上题写匾额在当时是非常危险的事情。因为在当时，匾额多属于石制，要题写就要被绳子吊在城楼上，所以韦诞就告诫他的后人，为了避免危险，不要学习榜书。由此可见，在当时题写匾额是一件非常危险的事。

至魏晋时期，王公贵族不仅开始热衷于在宫殿城楼之上题写匾额，而且十分重视匾文的书法，大家均愿意出高价钱去请当时的书法大家来题写。

至唐代，无论是朝廷还是书法家，对匾文书法已越加的重视。著名书法家颜真卿在《乞御书放生池碑额表》一文中，讨论了碑额题写书法的要点。

身为吏部尚书，太子太师，封鲁郡开国公的颜真卿，他所写的这篇文章不仅仅代表了一个著名书法家的观点，更是整个朝廷从上至下对匾额书法的重视。

宋代时，我国匾额文化更是进入了一个高峰期，关于匾额的故事在许多资料中都有记载。在宋代的散文笔记《邵氏闻见录》中记载：

> 太祖皇帝将展外城，幸朱雀门，亲自规划，独赵韩王普时从幸。上指门额问普："何不只书'朱雀门'，须著'之'字安用？"
>
> 普对曰："语助。"
>
> 太祖大笑曰："之乎者也，助得甚事。"

宋太祖赵匡胤是个马上得天下的君王。他大约是不喜欢文绉绉习气，所以才有了对门额"之"字这样的一番评论。但也足以见得，当时宋太祖对匾额的关注。

皇帝尚且如此，下面的官员乃至百姓当然也就会争相效仿。为此，在宋代，匾额作为给建筑物命名的功能，已经不仅停留在单单起一个名字而已，而是开始对题字的内容字斟句酌了。

在当时的古籍《桯史·刘蕴古》中记载，从宋代起，老百姓也开始以互赠匾额为礼品，而且某些有钱人，更是用金子打造匾额，以此能得以更长久地保存以达到留名青史的功效。

也就是说，从宋代起，我国匾额在功能发生变化的同时，匾额本身的质地也发生了变化。

在宋代，匾额除了用于互相赠送，还出现了皇帝御赐的情况，如宋徽宗时，就曾赐唐朝大将陈元光之庙以"威惠庙"的匾额，以追思其开发漳、潮地区之功。

在这同一时期，匾额还用于商铺的标志性招牌使用。从著名的《清明上河图》中，我们可以看到"赵太丞家"医药铺首，所悬挂"赵太丞家"的医药铺字号横匾便是作为商铺匾额出现的。

此外，在这商匾的两边，还有四块竖匾，分别写有"大理中丸×养胃丸"、"治酒所伤良方集香丸"、"五劳七伤回春丸"、"赵太丞统理

×妇儿科"等字样，这些匾额使人们对该医药铺的特点一目了然。

这些商匾的作用和今天我们所看到的仍然挂满大街小巷的店铺的匾额，如北京"同仁堂"、"稻香村"，杭州"楼外楼"等的功能相同。

至明清时期，我国的匾额已经相当盛行了，形制也已经十分完备，从斋堂雅号到官府门第，从修身立志到旌表贺颂，匾额已经渗透到了人们生活的方方面面。

在明清时期，匾额作为官府以及皇室的一种表彰方式，逐渐成为一种礼俗，承担礼仪规范的功能。

清朝律例规定，进士及第、孝子节妇和有贡献之人，各级政府都可以以匾额的形式对其进行表彰。

在我国各地一些古建筑上，如大天后宫、城隍庙等，都可见我国历代帝王，尤其是明、清皇帝封赠的匾额。

由此，可以得出，我国的匾额起步于两汉时期，发展于唐代，完备于宋代，兴盛于明清时期。自从有匾额以来，它就与我国人民的文化生活密不可分，与建筑、民俗、文学、艺术、书法相结合，深入到社会生活的各个方面，其写景状物，言表抒情，寓意深邃，具有极大的文学艺术感染力。

悬于宅门则端庄文雅，挂在厅堂则高端大气，装点名胜则古色古香，描绘江山则江山增色。虽片词数语着墨不多，望之却巍然大观，令人肃然起敬。

　　在我国，匾额的题写，虽然自古没有强制的规定，但在大多数情况下，一个完整的匾额格式应该包括上款、下款和印章。同时，对上下款题写的内容也有一定的要求。

　　上下款的内容主要包括：题匾者，受匾者，立匾者，年月日。有时一些匾额为了表彰受匾者，往往会上面在写一段关于受匾者事迹的文字，这段文字根据匾额整体的形制以及上下款的规则，或是放在上款作为序或是放在下款作为跋。

　　印章的位置一般是在题匾者名字的旁边或下面，但也有不少匾额的印章是在匾文正中央偏上方。

多悬于公堂之上的官家匾额

我国古代有一类官匾，是官员为表白为官初衷和抱负，用悬金匾形式昭示民众，并以此为鉴自勉的。

这类官匾多悬于公堂之上，内容以表白为官清廉勤政者居多。如"明镜高悬"、"公正廉明"、"明察秋毫"、"正大光明"、"清正廉明"、"勤政为民"等。

宋太祖统一天下后，在殿房上悬"公正明"手书匾额，自警治国要公正。

官匾中的"明镜高悬"，从

字面意思是比喻官员判案公正廉明，执法严明，判案公正，办事公正无私。关于这块匾额的来历，据说，已有2000多年的历史。

据汉朝刘歆著《西京杂记》记载，公元前206年，秦朝灭亡，刘邦进入秦都咸阳宫，看到无数珍宝中有一块方镜，宽约为1.33米，高约为1.97米，表里有明。

人若在它前面照镜子，里面就出现倒着的人影；用手按着心，就能看见人的五脏六腑；如果有疾病，就能看出生病的部位。据说，秦始皇常常用这块镜子来照手下的大臣和宫中的宫女、太监，如有异常，通通杀掉。

后来官吏借用这一典故来说明自己审案的公正和明察秋毫。

由于这块镜子出产在秦国，所以又称为"秦镜"。又因为这块镜子功能奇特，所以人们经常用秦镜来比喻官吏精明机智，善于断案。

后来，不论是清官，还是贪官、混官、糊涂官，为了标榜自己

"清正廉洁"、"公正廉明"，全都在公堂上挂起了"秦镜高悬"的匾额，再后来逐渐变成更为通俗的"明镜高悬"了，直至清末。

在公堂之上，古人除了挂有"明镜高悬"等寓意自己审案公正的匾额，也有的官员会选择挂"正大光明"等匾额。

我国北宋著名清官包青天的府衙大堂内，便挂着一块"正大光明"的匾额。匾额上写着黑底金字，气势辉煌，匾额下的屏风上汹涌澎湃的海水拍打着礁石，浪花飞溅，气势磅礴，以警示官员要清似海水，不可贪赃枉法。

在"正大光明"匾额的左右两边，还各有两个小一点的牌匾，上面分别写着"勤政为民"和"清正廉明"的字样。

匾额下方为公案，公案前方放置着"龙头"、"虎头"、"狗头"三口铜铡，令人望而生畏。

除了以上这些匾额，在我国古代的部分官衙公堂之上，为了表示州县官们的操行，还有挂"守己爱民"、"礼乐遗教"、"公明廉威"等匾额的。其中，在我国清代，公堂内最常见的则是"清慎勤"、"天理人情国法"等匾额。

"清慎勤"是我国古代最常见的官府匾额，无论何种官署都有这样的匾额。州县衙门里的这三字匾，有的挂在大堂上，有的挂在穿堂、二堂，几乎没有不挂这三字匾的州县衙门。

这三字匾的来历悠久，据清

代学者赵翼《陔余丛考·清慎勤》的考证，三字匾出于三国时的司马懿。据说，司马懿有一次接见地方官时，提出当官的要做到清廉、谨慎、勤快，有了这三项美德，还怕治理不好吗？

他又问官员这三项中哪一项最重要？

有的说是"清"，有的说是"勤"，而司马懿却同意"慎乃为大"的说法。

从此这三字就成为官员的基本要求。

"天理人情国法"的匾额往往挂在大堂和二堂之类涉及司法审判功能的建筑里，这三项是州县长官主持审判时必须参考的三项要素。

天理指传统的"三纲五常"为核心的礼教原则，也可以指被当时社会所认识的一些自然规律。人情指人之常情，既可以是绅士标榜的"忠恕之道"，也可以是指被绅士所倡导的社会舆论，有时也可包括一地的风土人情。

国法当然就是指朝廷的正式法律。

此外，在我国清代京城，各部官府衙门悬挂的匾额也各有不同。如吏部悬匾额为"公正持衡"，户部为"九式经邦"，礼部为"寅清赞化"，兵部为"整肃中枢"，刑部为"明刑弼教"，工部为"教饬百工"。

管理皇室宗族事务的宗人府为"教崇孝弟"，管理皇宫内务的内务府为"职思总理"，管理少数民族事务的理藩院为"宣化遐方"，掌管刑事的大理寺为"执法持平"，掌管宗庙祭祀的太常寺为"祗肃明禋"，掌管车马、马政的太仆寺为"勤字天育"等。

关于"明镜高悬"匾额的来历，在古典名著《三侠五义》中，还有这样一个故事：

据说，包公小时候被二嫂陷害掉入井中，得到一面镜子，滴上鲜血便能照出世间罪恶之人，这就是后来的开封府三宝之一的阴阳镜，包大人就凭这块宝镜，夜断阴，日断阳，明察秋毫，查清了无数疑案，为老百姓伸张正义。

包公临死时，怕后任贪赃枉法、残害良民，就命人把宝镜悄悄悬挂在开封府的正堂之上，才放心地闭上眼睛。

后来，过了很多年后，开封府来了个名叫钱如命的贪官。这个贪官不好好办案，专门干贪赃枉法的勾当。

一次，开封府的宝镜把钱如命在开封府的丑行和劣迹一幕幕地重演出来。钱如命惊恐万状，最后被活活吓死。

后来，各个衙门的大堂上高挂"明镜高悬"的牌匾，以表示官员判案公正廉明，执法严明，判案、办事公正无私。

知识点滴

悬挂在庙宇门前的寺庙匾额

　　我国古代的寺庙类匾额主要指寺院、庙宇正门或者大殿门上悬挂的匾额，这类匾额在我国各地的寺庙门前非常常见。

　　其中最著名的有辽宁省义县的"大雄殿"匾、福建省泉州的"正气"匾、广东省广州的"六榕"匾、山西省应县的"释迦塔"匾、广东省海康的"天宁古刹"匾、湖北省丹江口的"金殿"匾、河南省嵩山的"少林寺"匾和湖南省湘潭的"大唐兴寺"匾等。

义县的"大雄殿"匾额在辽宁省锦州市义县城内奉国寺的大雄宝殿正门上。

这里的大雄宝殿又称大雄殿，是奉国寺的主殿。"大雄"是释迦牟尼的德号。

悬挂在这座主殿上的"大雄殿"匾额，高3.05米，宽1.52米，是一块巨大的木质竖匾，而且上面的字是蓝底阳刻的金字，字体外形润美，笔力沉着雄浑，功力深厚，堪称是书法名作。

在这块匾额的四边，还透雕着六条龙饰，上边一龙翘首俯视，龙体则隐现在舒卷云朵之中；下边一龙昂首仰望，龙身又浮沉在翻卷海涛之间。

两竖边则各镶二龙，四首昂起，左右相对，其雕工精细，玲珑剔透，生动形象，活灵活现，充分体现出了制作工匠的精湛技艺。据说，这六条龙之所以如此配置，是象征天地四方，寓含六合之意，这实在是一种妙不可言的技术处理。

泉州"正气"匾额在泉州涂门街中段北侧关帝庙正殿大门上。此门有三块匾额，一块写着"正气"，一块写着"充塞天地"，一块写着"鼎汉立宋"。

其中，写有"正气"的匾额是南宋理学家朱熹题书，此字为颜书法度继续道统，下笔沉着典雅，点画波磔，虽疾书迅毫，但严守矩矱。

另外，"充塞天地"匾额为明代书法家张瑞图书写，"鼎汉立宋"则为近代学者蔡浚题写。

广州的"六榕"匾额在广州市六榕路的六榕寺寺门处，此匾额为北宋文学家苏东坡当年为寺庙题字。据说，六榕寺本来叫净慧寺，1100年，苏东坡路经广州时来到净慧寺游览，他见寺院内植有六棵苍翠成荫的古榕树，便欣然写下了"六榕"两字。

后来，寺院僧人因敬重苏东坡人品，便将其留下的"六榕"墨宝刻成木匾，悬挂在山门之上，并将净慧寺改名为"六榕寺"。

不过六榕寺山门上的那块"六榕"木质匾额早已不在，现存的为后人复制。匾额长1.7米，宽0.98米，上面的字体仍然是"苏体"字样。

应县的"释迦塔"匾额在应县县城西北的佛宫寺释迦塔的第三层外檐南，位置恰在释迦塔塔身中部，呈长方形。这是一块长2.65米，宽1.7米的长方形匾额，其构成与宋李诫在《营造法式》中所列举的"花带"匾额极为相似。

匾额正中竖刻三个双钩黑字，颜体楷书，浑厚遒劲有力，由金代"昭信校尉西京路盐使判官王献书"。匾面除了主要的"释迦塔"三个大字之外，还有附236字的阴刻题字，通过这些题记，人们不仅可以得知作匾时间为1194年，最晚题记为1471年，前后历时长达277年之久。

此外，释迦塔上除了这块最具代表性的匾额，塔内外其他还有数十块匾额，有明成祖朱棣所书的"峻极神功"，还有明武宗朱厚照所书的"天下奇观"，以及写有"天宫高声"和"正直"、"天柱地轴"和"万古观瞻"等字样的匾额。

这些匾额不仅文辞精练，寓意贴切，而且书法遒劲，气势轩昂，堪称文学和艺术上的珍品，而且是木塔修缮历史和重要活动的珍贵史料。它们将古塔辉映得更加辉煌绚丽。

海康"天宁古刹"匾额在广东海康县海城镇的天宁寺大门门额上，由我国明代著名清官海瑞所题。这块石匾，长2.1米，宽0.65米，字径0.45米，匾额四周装饰有雕塑图案，匾内并无上款，下款有"海瑞书"三个字。

匾文"天宁古刹"这四个楷体字，行笔迟涩，拙扑遒劲；构字骏雄沉毅而没有晦滞之色，殊属可贵，其作品特色可以远追唐代书法家颜真卿和柳公权。

据说，书写此匾额的海瑞本是海南琼山县人，他历任浙江安西知县、户部右侍郎、南京右都御史等职。他每次回故乡琼山时，都要经过雷州天宁寺。

一次，在明嘉靖年间时，海瑞又一次经过这座寺庙时，便写下了这块著名的匾额。这块匾额保存至今，仍非常完整，是天宁寺的镇寺之宝。

湖北丹江口"金殿"匾额在湖北武当山天柱峰顶端的铜铸鎏金金殿大殿檐下，是一块通高0.55米、宽0.42米，而且和大殿材质一样的鎏金竖匾。匾额中间写着"金殿"二字，四周斗边上铸有浮雕龙宝珠。

据说，位于武当山主峰的这座金殿其全部构件都是在京城里铸造，并经过明成祖朱棣亲自验收后，才由皇帝敕都何浚用皇家专船护送，由运河经南京溯江进入汉运至武当山安装而成。

整座金殿坐西朝东，指向太阳升起的方向，由于高高耸立在武当山巅峰之上，每当太阳东升时则金光闪烁、耀人眼目。

当然，作为这座金殿的点睛之笔还是那方光彩夺目、霞光万道的"金殿"匾额，特别是那两个楷书"金殿"，更是被人称为是楷书中的精品。据说，这块匾额由明朝太监李瓒监制而成，上面的"金殿"

两字是明成祖亲自动手书写，可谓是非常珍贵。

当然，在我国，除了这块金殿匾额为我国古代帝王亲自题写，其他还有一些由帝王亲自题写的寺庙大殿匾额，如我国河南嵩山的"少林寺"匾额据说就是出自清代皇帝康熙之手。

这块匾额在彩绘斗拱、朱门雕栋、气宇轩昂的少林寺山门上方，是一块长方形黑底金字横式匾额，匾中间书写"少林寺"三个闪闪发光的斗大金字，匾正中上方刻有"康熙御笔之宝"六字印玺。据说，这块匾额是1704年御题颁赐，至今已有300多年的历史。

另外，在我国各地寺庙内，还有很多著名的匾额，他们有的是我国古代书法大家所题，有的是我国古代帝王所题，这些匾额是我国古代文化研究的重要材料，它们为我国古代文字研究提供了重要实证。

虽然很多人认为嵩山少林寺的"少林寺"匾额出自康熙皇帝之手，但是也有另外一种说法认为，康熙帝从未到过少林寺，山门高悬"少林寺"匾额是从康熙手书文章中选取出来拼合而成，也就是所谓的集字。少林寺借清圣祖的字传名，清圣祖因少林寺借字宣威，这就叫两全其美。

但另一种说法又说，匾额上的三个字本是康熙所写，但1928年军阀混战中，一场大火把牌匾上的"少"字烧得了无痕迹。据传，当时一位俗姓钱的僧人，自称是唐代书法家怀素的后代，好书法。于是，他便模仿着康熙的笔法修复了这块匾额。当他把写好的"少"字与"林"、"寺"两字放一块时，僧人都称赞三个字如同出自一人之手。

知识点滴

用于书院内外的书斋类匾额

　　我国书斋类匾额主要是指用于书院或者书房内外的这类匾额，这类匾额最为著名的有湖南省长沙"岳麓书院"匾、福建省泉州"小山丛竹"匾、江西省庐山"白鹿洞书院"匾、浙江省绍兴"一尘不到"

匾和湖南省益阳"印心石屋"匾等。

岳麓书院位于长沙市湘江西岸的岳麓山风景区，为我国古代著名四大书院之一。书院始建于976年，至今已有1000多年的历史。

这上千年来，这所誉满海内外的著名学府历经宋、元、明、清代时势变迁，晚清改制为湖南高等学堂，1926年正式定名为湖南大学。

岳麓书院属于后来形成的湖南大学中的一部分，在整个书院内，最为耀眼的，便是书院正门处那块在北宋年间由宋真宗皇帝御赐的"岳麓书院"匾额了。

据说，此题字是当年宋真宗召见书院山长周式时所御赐的，随后被镌刻制匾额悬挂在书院山门之上，明代又刻石嵌于岳麓书院的外门牌楼上。

书院内现存的这块木质黑底金字匾额，是后人依照明代遗存的石刻复制而成的，是一块长3.4米，宽1.3米的匾额，这块匾额结构缜密，方正庄严。

字体圆劲润道，笔法舒展流畅，刚柔相兼，气势恢宏，风格古朴，人们依然能从这字体中感受到宋真宗皇帝的书法之精妙，是我国书法艺术的珍品。

泉州"小山丛竹"匾额在泉州模范巷与县后街交界处的城隍庙东侧的小石坊上。但事实上，"小山丛竹"这个名称其实是一座书院的名称，在北宋时，放置这块匾额的地方是一座民间书院。

据说，1151年，一代名儒朱熹出任泉州同安县主簿兼领学事时，因为经常到泉州各地讲学，从而发现了这间民间书院，便亲自题写了"小山丛竹"，从此，这座书院便被称为"小山丛竹书院"了。

后来，人们把朱熹的题字刻成了书院匾额，放置在书院的大门门额。经过历史的变迁，这座书院最终毁于战乱，但门额上的珍贵匾额却保存了下来。

于是，人们又为这块匾额修成了"小山丛竹"牌坊，并将"小山丛竹"匾额放置在牌坊上。这是一方宽3.75米，高3.7米的台式匾，两侧为花岗岩立柱，嵌辉绿岩坊额，正面刻有朱熹"小山丛竹"和"晦翁书"墨迹，字体为行楷，笔势迅疾，沉着典雅。

庐山的"白鹿洞书院"位于庐山五老峰南麓，享有"海内第一书院"之美誉。这座书院始建于南唐升元年间，它与湖南的岳麓书院、商丘旧城之东的睢阳书院和衡阳石鼓山上的石鼓书院并称为天下四大书院。

据说，书院的创始人是唐朝的著名学者李渤，这里本是他少年读书学习的地方。后来，他在这里养了一只白鹿，因此人们又称他为"白鹿先生"。

940年，南唐政权在李渤隐居的地方建立学馆，称"庐山国学"，又称"白鹿国学"。这是一所与南京金陵监、北京国子监相类似的高等学府。北宋初年，江州的乡贤明起等，在白鹿洞办起了书院，"白鹿洞书院"之名从此开始，但不久即废。

直至著名理学家朱熹重修书院之后，白鹿洞书院才扬名国内。朱熹不仅重修了白鹿洞书院，而且还建立了严格的书院规章制度。

不过，在这座书院内，最著名的"白鹿洞书院"匾额却是明代学者李梦阳书写的。据说，这位李梦阳在明弘治年间出任江西提学副史，当地学界因仰慕这位著名文学家之盛名，便经常邀请他到白鹿洞书院讲学和视察。

一次，当李梦阳到白鹿洞书院讲学时，恰好遇到当地知县在建立石坊，他便应邀提笔书写了"白鹿洞书院"五个大字。后来，人们便将他的题字刻成了一块石匾，放置在书院入口处的门楣之上。

这块匾额是一方长2.3米，宽0.46米的阴刻楷书青石匾，正中是李梦阳所题的"白鹿洞书院"五个大字，上款题有"明正德七年仲冬月吉旦"，下款分署"李梦阳书"和"督洞推官巫之峦重修"。

其中，正中的"白鹿洞书院"大字，运笔潇洒，结构舒畅，为明代书法中的精品之作。

当然，我国的书斋类匾额不仅只在书院内出现，在我国古代很多的著名文人家中的书房里，也有很多的这类匾额。如绍兴的明代戏剧家徐渭的故居泉州书院内，便有一块著名的"一尘不到"匾额。

这是一块长1.16米，宽0.34米的横式木质匾额，匾额的正中阴刻着"一尘不到"四个行草大字。匾额的右上角刻有"与木石居"印章一枚，左旁落款则为"天池"两字以及两枚分别写着"徐渭之印"和

"天池"的名章。

这些题字和印章都是徐渭亲自写下并盖上印章的。据说，徐渭是明代传奇式的文人，他一生才华横溢，在书、诗、画等都有杰出的造诣，但他傲视权贵，一生以"一尘不到"的理想境界自律，为此他的一生又非常坎坷，最终抑郁而不得志。

他留下的"一尘不到"题字，苍劲奔放、燥润相间，尽显了他"一尘不到"，拒达官贵人于门外的高贵品德。

此外，在他的书屋内，除了他亲自题写的这块"一尘不到"匾额外，还有一块由明末大画家陈老莲为他题写的"青藤书屋"匾额，这块匾额虽然经历了300多年的历史，依然非常清楚，同样也是我国明代书法中的精品之作。

据说，当年，在小山丛竹书院的旁边，还有一座祀"八闽文化先驱者"欧阳詹的不二祠。朱熹任同安县主簿兼领学事时，因为他非常敬重欧阳詹，便常到不二祠，并由此熟悉了小山丛竹书院，并为其题匾。

朱熹亲自手书的那块"小山丛竹"石碣在嘉靖重建、扩建小山丛竹书院时已失，于是，人们集朱熹壮年手迹重新镌之，又记其事于碑阴，改建为"小山丛竹"石牌坊。

另外，朱熹任同安主簿五年，期间，他在泉州一带留下大量足迹。现在泉州各地留存与朱熹相关的景点，古迹甚多，如泉州清源山、关帝庙、安海朱祠、东石朱文公祠、南安九日山、南安石井杨林书院、南安诗山书院、南安水头观海书院、祥芝芝山义学等，大多数是因他而建的书院，或纪念所在。

知识点滴

我国历史上三大著名匾额

我国是一个历史悠久的文明古国，匾额遍布神州大地。这些匾额既是著名建筑和风景名胜的点睛之笔，也是我国一种独特的，集建筑、文学、雕塑和书法等于一体的艺术形式。

我国有三块匾额中的精品，它们是河南省"留余匾"万里长城"山海关匾"和北京"正大光明匾"。

其中，"留余匾"现存于河南省巩义市康百万庄园，是康家庄园文化的象征。

该匾长1.65米，宽0.75米。造型犹如一面迎风招展的黄色旗帜，金底黑字。全匾共计174个字，除标题"留余"两字为篆书外，其余为字体流畅的行楷。该匾是同治年间进士牛瑄所题，制作于1871年。

该匾是康家第十五代庄园主康道平用来训示家中子弟的家训匾，是儒家"财不可露尽，势不可使尽"中庸思想的集中体现。"留余匾"形似一面展开的上凹下凸型旗帜。上凹意为：

上留余于天，对得起朝廷；

下凸意为：

下留余于地，对得起百姓与子孙。

匾上刻有南宁资政殿学士王伯大，号称留耕道人的"四留铭"：

留有余，不尽之巧以还造化；留有余，不尽之禄以还朝廷；留有余，不尽之财以还百姓；留有余，不尽之福以还子孙。

匾上还留有明朝隐士高景逸所写：

临事让人一步自有余地，临财放宽一分自有余味……若辈知昌家之道乎？留余忌尽而已。

这些文字，翻译成白话文为：留耕大人王伯大的《四留铭》中说："留有余地，不把技巧使尽以还给造物主；留有余地，不把俸禄得尽以还给朝廷；留有余地，不把财务占尽以还给老百姓；留有余地，不把福分享尽以留给后代子孙。"

大概老天爷反对贪得无厌，做事过分。因为太过分了，没有不留下悔恨的。

明朝隐士高景逸说过："遇事让人一步，自然有周转的余地；遇到财务放宽一分，自然就有其中的乐趣。"推而言之，所有的事情都是如此。

坦园老伯把"留余"两字题于匾额，挂在堂上，大概就是采用留耕道人的《四留铭》来告诫他的后代子孙吧！为你们写这几句话，并取夏峰先生教训他儿子的话，概括起来说："你们这些后辈知道发家之道吗？那就是凡事留有余地，不做尽做绝罢了。"

百年来，正是因为拥有如此谦逊的家训，从明代至现代，河南郑州康百万家族有功名的人物412位，上自六世祖康绍敬，下至十八世康庭兰，一直富裕了12代，400多年。

这块"留余匾"保存至今，仍非常完整地悬挂在康百万庄园的主宅区，对研究我国封建社会处世哲学具有一定参考价值。

我国著名的山海关匾实际的名称为"天下第一关"匾额，它位于我国明代长城的东北起点第一关箭楼二层正面。

山海关古称榆关，也称渝关，又名临闾关，1381年，明朝开国军事统帅徐达中山王奉命修永平、界岭等关，在此创建山海关，因其北倚燕山，南连渤海，故得名山海关。

整个山海关城池与长城相连，以城为关。整个城池以"天下第一关"箭楼为主体，辅以靖边楼、牧营楼和临闾楼等建筑。

这块"天下第一关"巨匾长5.8米，宽1.55米，上刻阳文"天下第一关"五个大字。其中"一"字长1.09米，繁写的"关"字竖长1.45米。"一"字一笔不显单薄，"关"字多笔不显臃肿。

匾上"天下第一关"五个大字，每个字结构讲究，布局章法得当，笔力沉雄，与形势相称，大有镇关之风，为关口增添了威严和光辉，也道出了关口的战略地位。

在这座山海关箭楼上，有三块木质匾，其中有两块是后来摹刻的。一为1879年王治摹刻，二楼外悬挂的是1920年杨宝清摹刻。摹刻匾原有落款，后被油漆涂盖。原匾悬于一层楼内。

那么，最原始的"天下第一关"匾额到底是谁所写呢？有史料可查的有1878年编撰的《临榆县志·建置编·城池卷》记有：

"天下第一关"相传明肖金事显书。

1920年临榆县令周嘉琛的《重修第一关旧额记》中又说：

> 有额曰"天下第一关"笔力沉雄，与形势相称，游者相
> 传为严分宜（严嵩）手迹。

那么，最原始的"天下第一关"匾额到底出自谁手呢？还需要后人的继续研究。

我国著名的"正大光明匾"高悬在北京故宫乾清宫正殿内中央。据说，匾额上面的字是清朝入关后第一个皇帝世祖顺治福临的笔迹，经康熙皇帝临摹后悬挂在这里的。

乾清宫是坐落在故宫古建筑群中轴线上的一座重要宫殿，是明清

两朝历代皇帝的正寝。"正大光明"是清朝皇帝标榜的祖训格言，康熙帝临摹后命人挂在皇宫正官最高处，将其作为立身齐家、治国、平天下的基本准则。

这块"正大光明"匾额为墨拓木框纸匾，匾长4.4米，宽1.3米。"正大光明"四个字书于正中，上款为"皇考世祖章皇帝御笔书正大光明……康熙五十七年吉诞恭跋"，旁边有"广运皇帝"印迹一方，下款为"皇曾祖世祖章皇帝御笔匾额……乾隆六十二年冬月恭跋"，旁边并印有一方"太上皇帝之宝"玺印。

匾额上的字体为行书，用笔结构肥厚丰满，其撇捺随意拖出，逸气横霄。正中的"正大光明"四个大字，结构苍秀，超越古今，为我国清代书法作品中的精品之作。

知识点滴

乾清官悬挂的"正大光明"背后还藏有决定太子命运的"建储匣"。

在清代，皇子之间夺取皇位的明争暗斗相当激烈。

为了缓和这种矛盾，自雍正朝开始采取秘密建储的办法，即皇帝生前不公开立皇太子，而秘密写出所选皇位继承人的文书，一份放在皇帝身边；一份封在"建储匣"内，放到"正大光明"匾的背后。

皇帝死后，由顾命大臣共同取下"建储匣"，和皇帝密藏在身边的一份对照验看，经核实后宣布皇位的继承人。乾隆、嘉庆、道光、咸丰四位帝，都是按此制度登上宝座的。至清代后期，由于咸丰皇帝只有一个儿子，同治和光绪皇帝没有儿子，这种秘密立储的办法便逐渐失去意义。

古代碑石

　　碑石，具有浓烈的东方色彩和极高的文化价值，长期以来，它一直影响着我国的文化、历史、考古等众多学科。在我国古代，它一般以纪念碑、书法碑刻和墓葬用品等形式呈现。

　　碑的结构一般分为碑首、碑身、碑座三部分。碑首主要刻些碑名，或仅起装饰作用；碑身刻写碑文；碑座起承重和装饰作用。明代以后，将碑座改成样子似龟非龟的赑屃，传说它是龙的九子之一，善于载重。

作为纪念物或标记的竖石

碑石就是把功绩勒于石上，以传后世的一种石刻。我国东汉许慎的《说文解字》中解释它为"竖石"，是一种作为纪念物或标记存在的石头。这种石头多镌刻文字，意在垂之久远。

据说，这种竖石大约在周代便已经出现，多在宫廷和宗庙中出现，但它与后来的碑石功能又有所不同。

在那时，宫廷中的碑是用来根据它在阳光中投下的影子位置变化，推算时间的；宗庙中的碑则是作为拴系祭祀用的牲畜的石柱子。史载：

> 宫必有碑，所以识日景，引阴阳也。凡碑引物者，窆用木。

至汉代时，这种竖石又具有另外的一种功能，就是用作举行葬礼的葬具。由于当时贵族官僚墓穴很深，棺停运到墓旁边时，往往在墓的四角设碑，于是，便有墓碑的出现。

汉代经学大师郑玄注：

> 丰碑，斫大木为之，形如石碑，于停前后四角树之，穿中，于间为鹿卢，下棺以缕绕，天子六缕四碑。

这里的"丰碑"是砍大木头做成的，形同石碑。棺停下葬时，在墓穴四角各设置一个，碑上有圆形穿孔，孔中系绳，绳子一头绕在辘轳上，一头系在棺椁上，将棺椁平稳地放入墓穴之中，殡仪结束后，这种木碑往往就埋葬在墓穴中。

为此，也可以说，我国的墓碑是起源于古代用作牵引棺椁下葬用的"丰碑"的。它最初是木质，没有文字，从汉代起，人们为缅怀逝者生前的业绩，便利用现成的木碑，在上面书写逝者的生平事迹以及歌功颂德之辞，碑首中间仍凿有圆孔，叫"穿"，这样，墓碑便正式形成了。

由于当时的墓碑多是木质的，所以能够保存下来的汉代石碑非常之少，现存最早的墓碑是公元前26年的《镳孝禹碑》，碑文写道：

河平三年八月丁亥平邑里镳孝禹

该碑是1870年在山东发现的。碑高1.45米，表面粗糙，未经磨光。

东汉时期，重视厚葬，墓碑风行。至汉代以后，刻碑的风气逐渐普及，几乎处处刻碑，事事刻碑。有山川之碑、城池之碑、宫室之碑、桥道之碑、坛井之碑、家庙之碑、风土之碑、灾祥之碑、功德之碑、墓道之碑、寺观之碑、托物之碑等。

南朝梁时刘勰《文心雕龙》也写道："自后汉以来，碑碣云起。"不仅王公贵族墓前树碑，就连一般的庶民百姓乃至童孩墓前也树碑，如《隶释》记载有《故民吴仲山碑》，《蔡邕集》有《童幼胡根碑》等等。

这一时期的墓碑制作精致，大多经过磨光。碑首尖的叫"圭首"，圆的叫"晕首"，碑首中间有圆形穿孔。

有的碑有"穿"，如江苏省南京溧水东汉"校官碑"；有的碑首还浮雕出龙纹，如东汉晚期四川省雅安"高颐碑"；还有的碑侧刻有花纹，比如东汉晚期的"乙瑛碑"。

三国两晋时期，人们一改东汉的厚葬之风，崇尚薄葬，禁碑之风盛行。当时，帝王规定：帝王陵墓之前不设石碑。门阀土族经过皇帝特许，方可在墓前树碑，如当时的名人王导、温峤、郗鉴、谢安等人均有石碑。

在我国历史书籍《全晋文》中，仅东晋著名文士孙绰书写的碑文就保存有七篇，它们是："丞相王导碑"、"太宰郗鉴碑"、"太尉庾亮碑"、"太傅褚褒碑"、"司空庾冰碑"、"颍川府君碑"和"桓玄城碑"。但遗憾的是，这些墓碑无一遗存。

至南朝时期，虽有碑禁但已成一纸空文。帝王陵墓神道石刻中，石碑与石柱、石兽均成对出现，成为一项固定的制度。

这时的石碑，由碑首、碑身和碑座三部分组成。碑首呈圆形，碑身呈长方形，碑座为龟趺形，又称龟趺坐。碑首顶部圆脊上，两侧各浮雕着相互交结成辫状的双龙；碑首正中有一长方形额，额内刻有与墓主有关的朝代、官衔、谥号之类的文字。

额下有圆形穿孔，穿孔为古制的孑遗，已无实用价值，仅起装饰作用；额四周线刻龙、凤、火焰、云气、莲花等纹饰。

碑身正反面均刻有文字，文字四周饰以卷草纹之类的纹饰；碑身侧面有的饰以浮雕图案及线刻画。碑座为一角趺，龟趺又名赑屃。

古人认为，龟是灵物，耐饥渴，有很长的寿命，所以用它驮碑。

不过，关于龟的名声，至宋代以后才逐渐不雅了。南朝陵墓石碑的碑座刻物，可以理解为龙子之一。其形状似一只大乌龟，凸目昂首，一足前迈，作负重匍匐爬行的姿态。

明清以后，人们在立碑石时，都喜欢将碑座改成样子似龟非龟的赑屃。

这一时期的石碑，碑首和碑身为一块整石雕琢而成，碑座是用另一块巨石雕琢而成，两者之间以神卯结构相连，浑然一体。

从五代以后，开始流传"一龙生九子，九子各不同"的说法，并且根据每个龙子不同性格、爱好等特点，把它们装饰在不同的器物上。

它们是：长子赑屃，因为它的长相鳌形龟貌，气力大，好负重。所以，它充当了人间石碑座子；二子鸱吻，喜欢眺望，装饰在屋檐上；三子蒲牢，它整天喜鸣爱吼，传说它的喊声可传千米以外。寺庙的和尚在铸钟时，把它铸在钟钮上，作为装饰品。四子狴犴，生来面貌威严，人人见了都害怕，人们便将它装饰在监狱门上；五子饕餮嘴馋身懒，爱吃爱喝，人们便把它装饰在食具上；六子蚣蝮，爱喜波弄水，装饰在桥栏杆上；七子睚眦，嗜杀成癖，装饰在兵器上；八子狻猊，它好烟火，闲暇无事，到处煽风点火，人们便将它装饰在香炉盖上；九子椒图，喜欢给人当警卫，后来人们就把它派用在大门上的龙头"门环"上。

知识点滴

中华民族最古老的禹王碑

我国石碑文化起源于周代，兴起于汉代，成熟于南北朝，在这漫长的历史发展中，保存最古老的碑石为发现于衡山岣嵝峰的禹王碑，又称岣嵝碑。

位于岳麓山顶禹碑峰东的禹王碑为南宋嘉定五年摹拓刻本，碑文记述和歌颂大禹治水的丰功伟绩。它是我国最古老的名刻，与黄帝陵、炎帝陵一起被文物保护界誉为中华民族的三大瑰宝。

禹王碑镌刻于石崖壁上，碑上有奇特的古篆文，宽1.4米，高1.84米，碑文九行，每行九字，凡77字，末有寸楷书"右帝禹制"。字体苍古难辨。有谓蝌蚪文，有谓鸟篆。系宋嘉定年间摹刻于此。亭侧有清欧阳正焕书"大观"石刻，为湖南省重点文物保护单位。

其实，此碑是宋代时人们从衡山拓来的复制品。真正的禹王碑唐代还在衡山，韩愈、刘禹锡赋诗歌咏，曾被称为南岳衡山的"镇山之宝"。它还有可能是道家的一种符箓，也有说是道士们伪造的。

关于禹王碑的记载，最早见于唐代韩愈、刘禹锡诗作，但两人并未实地考察过。亲见亲摹其碑文的，是南宋时的何致。1212年，何致在南岳游玩，遇到樵夫将他引到藏碑处，始摹碑文。何致过长沙时，刻碑于岳麓山峰。

1533年，潘镒剔土得碑，遂摹拓流传于世。明代学者杨慎、沈镒等都有释文。碑文主要记述大禹治水之功绩。西安碑林、绍兴禹陵、云南法华山、武昌黄鹤楼等处，均以此碑为蓝本翻刻。

相传，舜继位后，用禹治水，禹顽强不屈，一方面与老百姓一起凿山挑土，一方面找治水良法。

一天，他治水来到衡山，舜说黄帝把一部以金简为页、青玉为字的治水宝书藏在衡山上，但具体在什么地方却无人知道。大禹治水心切，就杀了一匹白马祷告天地，接着，他便睡在山峰上几天不起。

直至第七天晚上，他梦见一位长胡子仙人，自称苍水使者，授予他金简玉书藏地密图。醒来后他按照密图寻找，果然找到了这部书。

他抱着宝书日夜细心研读，求得开渠排水、疏通河道的办法。

大禹领先民，斩恶龙、斗洪水，终于将洪水治好。先民欢欣鼓舞，感激万分，纷纷要求在南岳岣嵝峰顶上，立碑为大禹记功。大禹十分谦虚，不肯答应，但南岳先民执意要立，否则就不放他回北方。

大禹只得答应，却提出了条件：碑文要刻得奇古，如天文一般，百姓不能相识。于是，南岳先民派来最好的石匠，将大禹提供的77个字样，全部镌刻在南岳岣嵝峰山顶的石壁上。

过了几百年之后，有天早晨，一位云游四海的老道士路经南岳岣嵝峰头，他在石壁下好奇地停下脚步，面对着碑文，一个字一个字地考证辨认起来。从早晨直至傍晚，认出了76个字。

老道士兴奋不已，正要考证辨认最后一个字，忽然他感到脚下冰凉，好像被水浸了一般。低头一看，只见自己正站在水中；再回身一望，洪水就要将他淹没。他吓得面无人色，一下把所有考证辨认的碑文全忘记了。此时，就见那洪水也随着他的忘记，一下子全退了。

老道士望着退去的洪水，想着刚才的景象，他想，这一定是天书，百姓不得相认。于是，下山通告全城：禹王碑文是天书，百姓不得相认，否则洪水淹天！

当然，传说毕竟是传说，它并没有动摇文人学士考释碑文的信心，多少人为其花费了毕生的心血。

原碑石于1212年最先发现于衡山岣嵝峰，后来才摹刻于岳麓山头，故又称岣嵝碑。明代杨慎、沈镒、杨时桥、郎瑛，清代杜壹，当代长沙童文杰、杭州曹锦炎、株洲刘志一等人先后作"岣嵝碑释文"。

但是，许多考释者都没有突破"大禹治水"的故事原型，而一些学者则认为"禹碑"并非禹碑。如曹锦炎认为岣嵝碑是战国时代越国太子朱句代表他的父亲越王不寿上南岳祭山的颂词。而刘志一则认为岣嵝碑为公元前楚庄王三年所立，内容是歌颂楚庄王灭庸国的历史过程与功勋。因此，这块千古奇碑至今说法不一。

随着近代考古学的发展，现代人对禹王碑的碑文有着不同理解。

其中，刘志一先生认为碑文为夏代官方文字，早于商周金文。这种文字到战国末期逐渐消亡。秦汉文字改革后，绝大多数文人无法识读了。加上碑文用南楚方言，又多通假，更难辨认。刘志一花费十年心血破译此碑文，其译意与《左传》所载楚庄王灭庸的过程大同小异。

知识点滴

我国历史上著名的四大碑林

　　"碑林"由于石碑丛立如林，蔚为壮观而得名，它是将众多矗立的石碑集中在某一园落里，供人们观瞻欣赏、研习借鉴的场所。它们不仅是我国古代文化典籍石刻的集中点之一，也是历代名家书法艺术

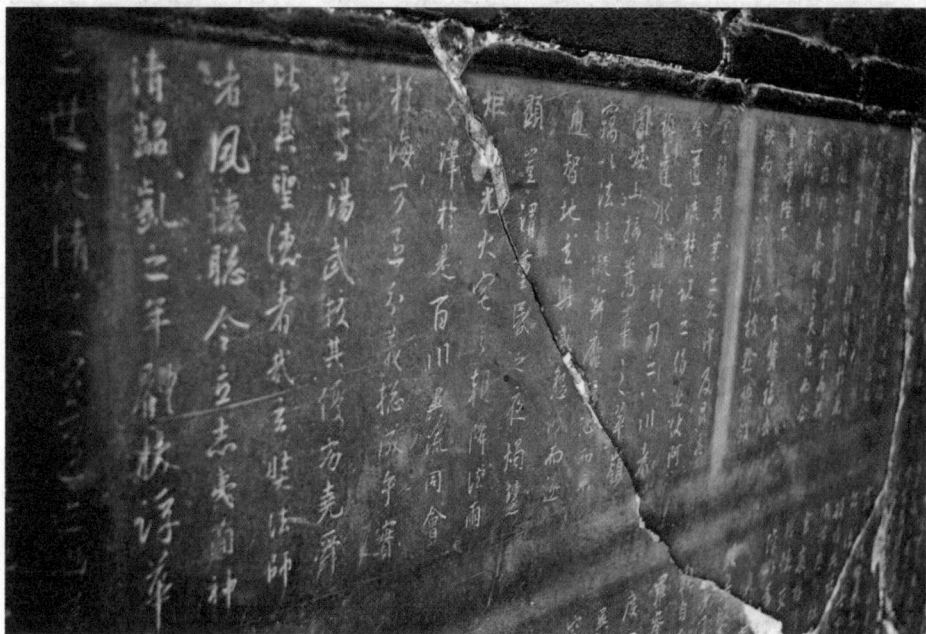

荟萃之地。

在我国，最为著名的碑林一共有四座，它们是陕西省西安碑林、山东省曲阜孔庙碑林、台湾高雄南门碑林和四川省西昌地震碑林。

西安碑林位于西安市南城墙的魁星楼下，因碑石丛立如林而得名。这是收藏我国古代碑石时间最早名碑最多的艺术宝库。它始建于1087年，原为保存唐开元年间镌刻的《十三经》、《石台孝经》而建，后经历代收集，规模逐渐扩大，清代开始称其为"碑林"。

整座碑林里面陈列着从汉至清的各代碑石、墓志共计1000多通。而且藏品时代系列完整，时间跨度达2000多年。

这些碑石书体，篆、隶、楷、行、草各体具备，名家荟萃，精品林立，无论从书法艺术角度，还是从考古学、历史学的角度考量，都具有极高的学术价值和深厚的文化内涵。

代表作有东汉的"曹全碑"、魏晋南北朝时期的"司马芳残碑"

等；儒家典籍刻石代表有唐朝的"石台孝经""开成石经"等；见证我国古代宗教文化交流的碑刻有唐朝的"大秦景教流行中国碑"、"大唐三藏圣教序"等。

东汉"曹全碑"全称"郃阳令曹全碑"，刻于东汉中平二年十月二十一日。明朝万历初年，在陕西郃阳旧城莘村发掘出土，石碑的篆额遗失不存。

它是我国汉代石碑中保存比较完整、字体比较清晰的少数作品之一。这通碑是东晋文人王敞、王敏、王毕等人为纪念历史人物曹全的功绩而立的。碑文主要记载了东汉末年的历史事件，为研究东汉末年历史提供了重要的资料。

这通碑呈竖方形，高2.73米，宽0.95米，共20行，每行45字。书体为隶书，文字清晰，结构舒展，字体秀美灵动，书法工整精细，充分展现了汉代隶书的成熟与风格。碑上还阴刻有立碑题名者的名字，有处士、县三老、乡三老、门下祭酒、门下议掾、督邮、将军令史等人。

这通碑的石材通身漆黑，如涂油脂，光可照人。碑石精细，碑身完整，是汉碑、汉代隶书中的精品，也是目前我国汉代石碑中少数保存比较完整、字体比较清晰的作品之一。

"司马芳残碑"出土于1952年，出土时只有碑石上半，而且已裂为三块。残长1.06米，宽0.98米。

篆额"汉故司隶校尉京兆尹司马君之碑颂"4行，15字尚清晰。碑阳16行，中间两行损泐，存142字。碑阴上部14行刻属吏名单，下部18行残不成文，可识者41字。

此碑文为楷书，其体势和用笔具备北魏早期铭刻体的基本特点。

"石台孝经"碑刻于745年，是唐玄宗李隆基亲自作序、注解并以隶书书写的。

石台孝经的前面一部分是唐玄宗李隆基为孝经所作的序。唐玄宗皇帝为孝经写序的目的是表示自己要以"孝"来治理天下。后面是孝经的原文，小字是唐玄宗为孝经作的注释。

碑石长方形，上加方额，方额左右各浮雕瑞兽，上下刻涌云，上承盖石。碑下面有方形台阶石三层，因称"石台孝经"。

　　"开成石经"刻成于837年，故称"开成石经"或"唐石经"，因树立雍地，故又称"雍石经"。

　　此碑碑文是楷书。碑文字迹清晰，笔画精致，便于抄写读诵，对于当时传播儒家学说起了积极的作用。

　　"开成石经"计有《周易》等12种经书，共刻114通碑石，每石两面刻。每通经石高约1.8米，面宽0.8米。下面设方座，中间插经碑，上面置碑额，通高3米。

　　"大秦景教流行中国碑"是一通记述景教在唐代流传情况的石碑。此碑身高1.97米，下有龟座，全高2.79米，碑身上宽0.92米，下宽1.02米，正面刻着"大秦景教流行中国碑并颂"，上面有楷书32行，行书62字，共计1780个汉字和数十个叙利亚文。

　　这通石碑上说的是，唐太宗贞观年间，有一个从古波斯来的传教士叫阿罗本，历尽艰辛，跋涉进入我国，沿着于阗等西域古国，经河西走廊来到京师长安。随后，他拜谒了唐天子太宗，要求在我国传播波斯教。

此后，唐太宗降旨准许他们传教，于是景教开始在长安等地传播起来，也有景教经典《尊经》翻成中文的记载。

碑文还引用了大量儒道佛经典和我国史书中的典故来阐述景教教义，讲述人类的堕落、弥赛亚的降生、救世主的事迹等。碑文虽系波斯传教士撰写，但他的中文功底极其深厚。

除了这些碑石，在西安碑林中，书法精品的代表还有唐朝书法大家颜真卿的"颜勤礼碑"、唐朝书家欧阳通的"道因法师碑"等。

此外，碑刻还有唐朝的"昭陵六骏"、"骊山老君像"等。这些不同门类的代表作品，共同组成了西安碑林辉煌灿烂的碑石文化。

曲阜孔庙碑林位于山东省曲阜孔庙内，集各代碑石2000多块。

庙内碑刻真草隶篆，各家书法具备，巨者逾丈，小者不盈尺，有唐、宋、金、元、明、清代所立石碑53座，碑文多是祭孔、修庙的记录，除汉字外，还有满文和八思巴文，是我国大型碑林之一。

其中，著名的汉代碑刻有公元前56年刻石史晨碑、乙瑛碑、孔庙碑、礼器碑、孔谦碑、孔君墓碑、孔彪碑、孔褒碑、谒孔庙残碑等17通，汉碑集中存数居全国首位。

魏晋南北朝碑刻有黄初碑、贾使君碑、张猛龙碑、李仲璇碑、夫子庙碑等。孔子故宅西侧的四角黄瓦方亭中立有乾隆御书的"故宅井赞碑"，也为艺术珍品。

此外，陈列室内还嵌有玉虹楼法帖石刻584通，其他各处有各代各种碑刻1200通以上。

台湾高雄南门碑林是1791年修成的。高雄最初是一座小城，共有城门八座，城门增建外廓，安炮六座，成座高达两米多。

南门碑林又名大碑林，位于大南门城右侧。碑亭内陈列了61座清代遗留至今的碑碣，数量相当庞大。这61通古碑的历史来源，大致上可分为纪功、修筑、建筑图、捐题、墓道、示告等六类，若细细阅读其含义，还可得知许多当时社会概况，十分有趣。

西昌地震碑林位于西昌市南泸山光福寺内，共有石碑100余通。石碑上记有西昌、冕宁、甘洛、宁南等历史上发生几次大地震的情况，详细记载了1536年、1732年、1850年西昌地区三次大地震发生的时间、前震、主震、余震、受震范围及人畜伤亡、建筑破坏的情况。

西昌地处安宁河、则木河断裂带，是我国西南部震区之一，历史上发生过多次强烈地震，碑林为我们研究强震是否在同一地点重复、发震周期、内在规律等提供了实物资料，不仅可与历史文献相对照，还可补其不足，实为罕见。

在我国，除了上面著名的四大碑林之外，还有一些著名的碑林，如龙门石窟碑林、涪陵碑林、浯溪碑林、焦山碑林和药王山碑林等。

其中，龙门石窟碑林与西安碑林、曲阜孔庙碑林并称为我国的三大碑刻艺术中心。

龙门石窟中的历代造像题记多达3600余品，其中以"龙门二十品"最负盛名，是学书法者寻访的对象。龙门石窟中的很多佛像都刻有"造像记"，造像记的书法绝妙，特别是北魏书法遒劲有力，颇多变化。清中叶以后，有人在北魏造像记中选取"始平公"、"杨大眼"、"魏灵藏"、"孙秋公"等20种，拓本传布，这就是有名的"龙门二十品"。

知识点滴

中华著名的十大"三绝碑"

我国的碑石中，有一种碑文的文章、书法和雕刻技巧都很精绝的石碑，人们称它们为"三绝碑"，这种碑石，大致可分为三种情况：

一是大多数为碑文、书法、刻工精妙绝伦，又能汇于一碑者；其二为文章、书法及文章所述之人的德政功绩杰出者又能汇于一体的；其三为文章、书法及镌刻之石奇特。

但是，不管哪种情况都离不开文章、书法的精绝为其基础，才能称得上是"三绝碑"。

在我国，著名的"三绝碑"有：湖南省郴州市苏仙岭"三绝碑"、四川省成都的"蜀丞相诸葛武侯祠堂碑"、湖南省永州柳子庙的"苏轼荔子碑"、山东省"潍坊新修城隍庙碑"、福建省泉州的"万安桥记大字碑"、河南省临颍的"上尊号与受禅碑"、湖南省祁阳的"浯溪摩崖石刻"、开善寺的"宝志公象赞诗碑"、陕西省高陵的"李晟墓碑"和河南省郑州的"苏轼书欧阳修醉翁亭记石碑"。

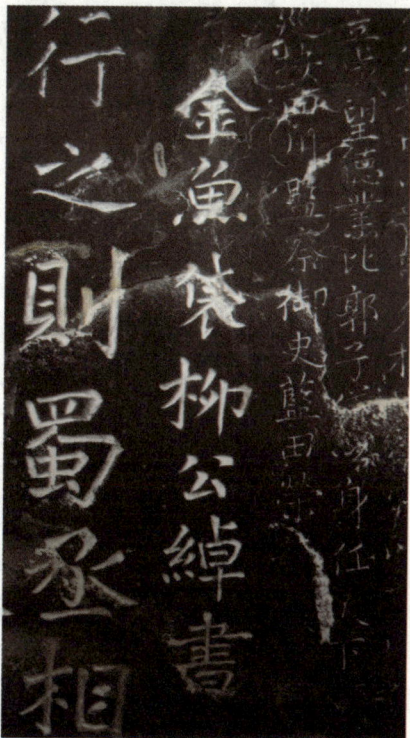

其中，苏仙岭"三绝碑"位居十大著名"三绝碑"之首。这通石碑在苏仙岭公园的白鹿洞石壁上，上面刻有北宋词人秦观的一首词。

据说，当年秦观被削职到郴州后，于1097年作了《踏莎行·郴州旅舍》一词：

雾失楼台，月迷津渡，桃源望断无寻处。可堪孤馆闭春寒，杜鹃声里斜阳暮。驿寄梅花，鱼传尺素，砌成此恨无重数。郴江幸自绕郴山，为谁流下潇湘去。

多愁善感的诗人在词中倾吐了他被削职后的凄苦失望的心情。后来，他将词寄给了苏东坡，苏东坡非常喜欢，爱不释手。在秦观死后，苏东坡出于敬佩，在其词后写下了"少游已矣！虽万人何赎？"的跋语而流传开来。

后来，宋代"四大书法家"之一的米芾又把秦观的词和苏东坡的跋书写在扇面上，流传到郴州。

郴州人为纪念秦观，就把"秦词、苏跋、米书"刻在碑上，史称"三绝碑"。又过了100多年，南宋郴州知军邹恭命石匠，将其摹刻在苏仙岭白鹿洞附近的大石壁上，这就是后来白鹿洞上的"三绝碑"。

白鹿洞是一个天然的悬崖石壁。此碑高0.52米，宽0.46米，11行，每行8字，行书，碑文艺术手法极高，感染力也很强，可谓郴州一绝。

成都的"蜀丞相诸葛武侯祠堂碑"立于武侯祠大门内右侧，是成都最古老的碑刻之一。说到在后世的名声和影响，此碑在成都则首屈一指。

此碑本名为"汉丞相诸葛武侯祠堂碑"，立于809年。碑身及碑帽通高3.67米，宽0.95米，厚0.25米，下有碑座。碑帽的云纹雕饰，具有唐代石刻艺术特点。其石质为峡石。碑文共22行，每行约50字，楷书。

碑文作者裴度，是唐代中后期有名的政治家。807年，唐王朝派相国武元衡出任剑南四川节度使，裴度作为幕僚随行。裴度久欲撰文颂扬诸葛亮，到成都游武侯祠后，便怀着景仰之情写了碑文。

碑文内容分序文和铭文。序文开篇处，裴度称颂诸葛亮兼具开国之才、治人之术、事君之节和立身之道，是千古罕有的封建政治家。

后来，著名书法家柳公绰亲自写下柳体笔韵的碑文，名匠鲁建亲自完成了石碑的刻写，为此，此碑便因文章、书法、镌刻都极精湛，而世称"三绝碑"。

湖南永州柳子庙的"苏轼荔子碑"在零陵县永州镇的柳子庙内。"苏轼荔子碑"共有四通，每通高2.4米，宽1.32米，厚0.21米，长方形，平额无座。原碑为唐朝韩愈撰文，宋苏轼书写的"罗池庙享神诗碑"，与河东柳宗元之德政，世称为"三绝碑"。

因其诗开头有"荔子丹兮蕉黄"之句，因之又称为"荔子碑"。原碑宋代刻于广西柳州罗池庙，明代刘克勤摹刻于零陵永州镇愚溪庙，现存于柳子庙内之碑为清顺治年间永州知府魏绍芳所重刻。

"潍坊新修城隍庙碑"位于山东潍坊，此碑碑文为1752年潍县知事郑板桥撰并书，碑文思想性很强，有朴素的唯物主义精神，堪称一绝；其书法为板桥极为少见的正书杰作，称一绝；丹书石上，由其高

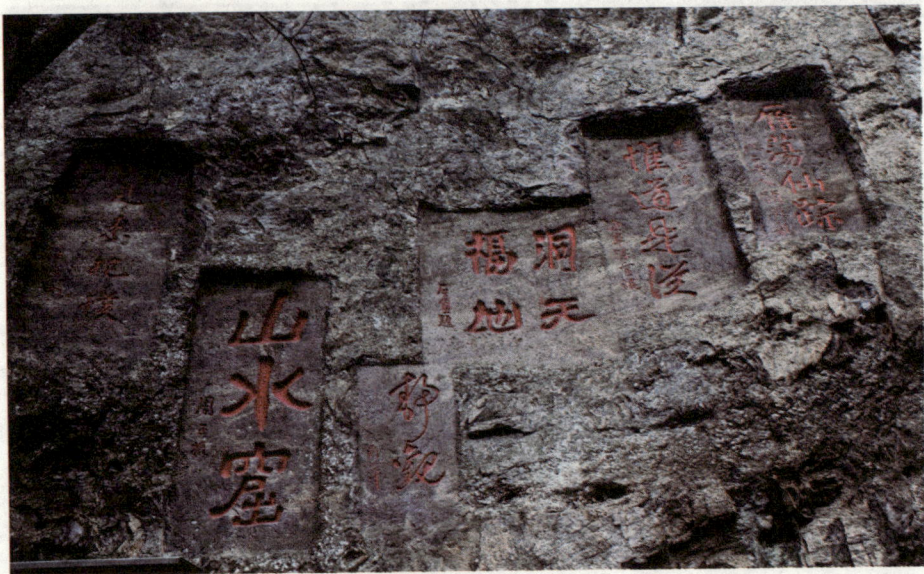

足弟子司徒文膏镌刻，不失笔意，与真迹不差毫厘，又称一绝，所以世称"三绝碑"。

泉州的"万安桥记大字碑"在福建省泉州市洛阳桥南的蔡襄祠内。蔡襄，是宋代著名四大书法家之一，字君谟，仙游人。官至端明殿大学士，两度出知泉州，建洛阳桥，卒谥"忠惠"。祠历代均曾修建，现存系清代重建，面三间，深三进。

蔡襄一生除为后人留下了许多优秀书法作品外，最大的贡献莫过于主持建造我国第一座海港大石桥洛阳桥，同时，他还为桥亲自撰写并书写了"万安桥记大字石碑"碑文。

其文章精练，仅用153个字记载造桥的时间、年代、桥的长宽、花费银两、参与的人数等，书法遒美，刻工精致，为洛阳桥增辉添彩。碑刻书法遒劲，刻工精致，世称"三绝碑"。

临颍的"上尊号与受禅碑"在河南省临颍县繁城。此碑刻于220年。碑石上的碑文为八分隶书，高体方正。碑文记载了144年农历十月，魏公卿将军劝进及汉献帝禅位于魏王的历史事件。此碑传为王朗文、梁鹄书、钟繇镌字，世称"三绝碑"。

祁阳的"浯溪摩崖石刻"在湖南省永州市祁阳县城西约2000米的湘水之滨。浯溪摩崖石刻是我国南方摩崖第一家，其诗文书法，具有丰富的文化内涵。

此地苍崖石壁，巍然突兀，连绵78米，最高处30余米，为摩崖文字天然好刻处。

1200多年前，唐朝著名的文学家元结卸任道州刺史之职回乡，途经此地，见这里山水秀丽，遂居家于此，并将一条无名的小溪命名为"浯溪"，意在"旌吾独有"，撰《浯溪铭》，浯溪得名从此开始。

元结又将"浯溪东北廿余丈"的"怪石"命名"峿台"，撰《峿台铭》。还在溪口"高六十余尺"的异石上筑一亭堂，命名"广吾亭"，撰《浯庼铭》。

后来，元结将"三铭"交给篆书家季康、瞿令问、袁滋分别用玉箸篆、悬针篆、钟鼎篆书写，并刻于浯溪崖壁上，此便是后人所称"浯溪三铭"，也称"老三铭"。这三通碑都有很高的艺术价值。

另外，元结还将自己在761年所撰的《大唐中兴颂》一文，请颜真卿手楷书书写，于771年摹刻于浯溪靠近湘江的一块天然绝壁上，因文奇、字奇、岩绝，世称"浯溪三绝"。

"大唐中兴颂碑"原高3米，宽3.2米，为浯溪碑林中最大的一通碑刻。碑文记述了安史之乱、玄宗逃蜀、肃宗即位、克长安、洛阳等史实，是世界罕见的保存比较完好的著名摩崖碑刻。

据说，这是颜真卿生平的得意之作，后人称赞他的《大唐中兴颂》为"颜体笔翰高峰"、"楷书典则"。

开善寺的"宝志公象赞诗碑"在南京灵谷寺无梁殿西的松涛深处。

碑上的"宝志像"是唐朝画圣吴道子所绘，大诗人李白作赞，著名书法家颜真卿写字。因文字、书法、镌刻均为名家之作，精湛至极，冠绝碑林。

陕西高陵的"李晟墓碑"，全称"唐故太尉兼中书令西平郡王赠太师李公神道碑"，在陕西省高陵县白象村渭水桥北。

该碑是829年，为纪念西平郡王李晟而立。碑文主要记述了李晟的生平传略及为大唐所立战功业绩。

碑身通高4.35米，宽1.48米，厚0.46米。蟠首龟座。碑文为名相裴度所撰，裴文庄重严谨。碑文为柳公权书丹，柳书端丽、秀润。并由名匠刻字，世称"三绝碑"。

碑阴有明弘治年间第二十五世孙参政芜湖李赞所作祭文和正德年间教谕李应奎及副使曹璉的题词。

据说，此碑最初立于李晟的墓前，后因渭河不断向北侵崩，使奉政原原体不断倒崩，原墓葬被水毁掉。至明代时，人们便将此碑迁移到现渭河大桥北端偏东处的渭桥村。

郑州"苏轼书欧阳修醉翁亭记石碑"在河南省郑州市博物馆内。

1091年，苏轼在颖州当知府时，应开封诗人刘季孙之请，以真行草兼用字体写成《醉翁亭记》长卷，卷末有赵孟頫、宋广，沈周、吴宽、高拱等人的跋尾赞叙。

后来，在1571年时，人们把苏轼的《醉翁亭记》刻成石碑，立于河南鄢陵县刘氏家祠内。

1692年，明代大臣高拱的侄曾孙高有闻因原刻磨损不清，出其家藏拓本重新刻石，立于新郑县的高氏祠堂。刻石手技十分精巧，较之原作有过之而无不及。

碑共18通，每通长0.6米，宽0.4米，为宋朝文学家欧阳修撰文、苏轼书写，刻石极为精巧，称之为"三绝碑"当之无愧。后来，政府为了保护此碑，将它移置于郑州市博物馆建立的长廊内，方便保存。

公元220年10月，魏王曹丕在繁阳，也就是河南省许昌市西南17公里的繁城镇受禅台举行大典，接受汉献帝的禅让，代汉立魏。从此结束了刘汉王朝400年的历史，开始了我国历史上的魏、蜀、吴三国时代。

详细记述这一历史事实的是立在繁城镇汉献帝庙内的两块碑文：《受禅表》和《公卿将军上尊号奏》。这两通碑就是名传遐迩的书法瑰宝——汉魏繁城"三绝碑"。

两碑均于公元220年刻立。《公卿将军上尊号奏》碑高3.32米，宽1.02米，厚0.32米，额题篆书阳文"公卿将军上尊号奏"。《受禅表》碑，高3.22米，宽1.02米，厚0.28米。